弹性生长

九边 著

民主与建设出版社
·北京·

© 民主与建设出版社，2023

图书在版编目（CIP）数据

弹性生长 / 九边著 . -- 北京 : 民主与建设出版社，2023.7
ISBN 978-7-5139-4304-8

Ⅰ.①弹… Ⅱ.①九… Ⅲ.①世界经济－研究 Ⅳ.①F11

中国国家版本馆 CIP 数据核字（2023）第 144046 号

弹性生长
TANXING SHENGZHANG

著　　者	九　边
责任编辑	郭丽芳　周　艺
封面设计	东合社·安宁
出版发行	民主与建设出版社有限责任公司
电　　话	（010）59417747　59419778
社　　址	北京市海淀区西三环中路 10 号望海楼 E 座 7 层
邮　　编	100142
印　　刷	河北鹏润印刷有限公司
版　　次	2023 年 7 月第 1 版
印　　次	2023 年 11 月第 1 次印刷
开　　本	880mm×1230mm　1/32
印　　张	8.375
字　　数	159 千字
书　　号	ISBN 978-7-5139-4304-8
定　　价	58.00 元

注：如有印、装质量问题，请与出版社联系。

写在前面

一转眼，发现自己在社交媒体上写作已经快十年。从一开始几乎没人关注，到后来关注人数慢慢地越来越多，再到如今全网关注人数已经超过 1200 万。现在回过头去看，感觉那时候写的东西真是没眼看。再过一些年，回头再看现在写的东西，说不定也有同样的感觉。

收到最多的一个问题是："博主，你怎么做到一边上班一边写作的？"其实这个问题我也想了很久，因为我一直没觉得这有啥奇怪的，就跟中午吃完饭要一起玩玩游戏一样。后来我才慢慢反应过来：在很多人眼里，写作这事相当于上另一份班，我一边上班一边写作，相当于上了两份班，听着确实挺疲劳。

最近看到一句话，是凯文·凯利说的。他说："更好的方向是找到你想花更多时间做的工作，而不是试图减少你花在工作上的时间。"突然有种豁然开朗的感觉。

毕业后没多久，我就进入了我现在所在的公司，这十来年几乎把时间全部给了工作，作为回报，我的收入一直还可以。但是我经常在想：我有多爱自己做的事？谈不上爱，只是一种惯性。干的年头长了，别人眼里很复杂的东西在我这种"老师傅"眼里并没多少难度，又能赚到钱，何乐而不为呢？

但是，我确实想每天早点完成工作，然后就可以干点别的，比如写文章。很多小伙伴觉得"博主，你每次都写那么长，一定很累吧"。事实上不累，完全不累，我愿意把所有时间花在写作和查资料上。

为啥说这个呢？因为我最近几年发现，很多人最后取得了很高的成就，并不是因为他们能吃苦，而是因为他们找到了"想花更多时间做的工作"，并不是反过来。

更关键的是，作品就是资产。但是，你永远没法事先知道到底什么东西能让读者喜欢，哪些内容能经住时间的考验。所以没办法，你只能持续输出，不断增加"资产"，为多年后可能的爆发做准备。

绝大部分人最大的问题是最终也没法迈过决定性的"临界点"，这时候，凯文·凯利的那句话就起作用了。你只有不断地在某件事上砸时间，不计较得失地砸，最后才可能成功迈过那个临界点。

所有的成长都是一种"跃迁"——可能是知识上的，可能是财富上的，也可能是心态上的，从一个能量位跳到了另一个能量位，但这种"跃迁"需要时间，需要顿悟，需要磨砺。

希望大家能找到自己想不断投入时间的事，不断成长。

CONTENTS

[CHAPTER 1] 反脆弱：做对选择，能缓解大部分人生焦虑

没有什么，是过不去的 / 003

普通人成事，就是不断积累小胜利 / 009

被出身和时代框住的普通人，还有机会吗 / 020

卷不动了，去"考公"可以吗 / 030

内卷严重的传统行业，出路在哪儿 / 039

互联网行业今后不再吃香了吗 / 053

普通人做自媒体能赚到钱吗 / 062

[CHAPTER 2] 抗风险：守好基本盘，才是应对变化的底气

房产税和房价有哪些关系 / 077

汇率、美债，对我们的生意和生活有哪些影响 / 083

房价波动的真正原因是什么 / 093

出生率下降后，房价会跌吗 / 104

未来城市，是"鹤岗化"还是"深圳化" / 113

人口下跌不可怕，人才浪费才可怕 / 122

一线城市降低落户门槛，释放了什么信号 / 134

[CHAPTER 3] 懂趋势：预见未来，这些事真正值得去卷

为什么普通人比富二代更容易创业成功 / 145

想摆脱低端内卷，唯有提升产品力 / 154

碳排放和我们普通人有什么关系 / 166

马斯克和 SpaceX 凭啥能成事 / 179

被 ChatGPT 淘汰的人，其实早就被淘汰了　/ 192

技术革新痛点太多，但我们必须主动拥抱　/ 200

[CHAPTER 4] 找机遇：看清现实，在不确定中找到机会位

为什么越来越多高精尖人才愿意学成归国　/ 213

让基层变富，从未如此重要　/ 224

懂经济周期的运行规律，就能掌握发财密码　/ 238

好的世界，是每个人都能追求自己的幸福　/ 251

CHAPTER 1

反脆弱：做对选择，能缓解大部分人生焦虑

没有什么，是过不去的

你的"国家观"健康吗？

我觉得大家首先要明白一个基本的事实：**我们爱这个国家，不是因为她完美才爱。**

很多人的爱国情绪本身就建立在一种不健康的"自豪感"基础上，觉得：美国很分裂，下层无家可归正在吃土；老欧洲正在走向衰落；日韩正在疯狂内卷；等等。我不是说这些东西不存在，而是说，如果你的爱国心建立在这些"比较"之上，你很容易崩溃。

我给大家举个例子，大家就知道了。我的一个同事，她和所有的妈妈一样，曾经对自己的孩子非常满意，甚至觉得自己的孩子是个天才，说话比别人早，认识的字比别人多，越看越喜欢，直到有一天，去参加了"海淀妈妈"的一个不知道什么座谈会，整个世界观都被击了个粉碎。

她觉得，自己的孩子这么小年纪就会两百个英文单词，已经很了不起了。没想到座谈会上的一个妈妈说，她的孩子才会说

3000个单词，她因此很焦虑，而其他妈妈也纷纷附和。然后，这位妈妈又介绍了自家孩子一堆其他的特长。我的这个同事整个人都不好了，因为她知道，自己的孩子在这帮小孩里连个普通人都算不上。然后我这个同事就绷不住了，如坠冰窟，回家都不想看小孩，甚至有点生气，过了好久才调整过来。

当然了，她后来慢慢意识到自己的预期太高，就好像她当初费了好大劲考上了北京的985，发现班里有一半人真的是玩上来的；自己费好大劲弄明白的东西，有几个人好像天生就会。自己的孩子和自己一样，只是个普通人，自己爱孩子，为他而自豪，因为他是自己的孩子，而不是因为他是个天才。调整心态后，她不再因为孩子不如别人而失落，反而会因为孩子每一次的进步而高兴。

其实，很多人对国家的态度也是这样的，前些年贬得太低，这些年又拉得太高，用网友的一句话，叫"如今在每件事上都要赢"，跟美国比，跟日本比，跟欧洲比，反正要赢。每次看到这类人，我就知道，不出三年，他肯定又会跑去另一个极端，神神道道，又开始觉得国家哪都不行。

因为现实不会照顾他的感觉，而且现实从不美好。

这类人最常见的就是部分青年。可能大学期间他们受了很多启发，然后一出校门就栽了，找工作太难，好不容易找到了，工资却一言难尽，本来觉得在公司先学习几年应该能好吧，然后无意中发现，工作了五年的老员工工资也没比自己高多少。租了个房子，过了几个月发现二房东把房租卷跑了，去报警发现解决不了……再混几年，惊讶地发现自己看不上的人混得比自己好，立马就觉得这个社会到底怎么了。

经过这么一轮，预期降到了冰点，开始向往美国、新加坡，甚至香港，但是想走又走不了。可能是由于预期降得太多，以至于过了一段时间发现国家其实没那么差，自豪感慢慢又重新燃起，然后再转一圈。**也就是说，一旦你把预期调得太高，这个世界跟不上你的预期时，你的世界观迟早会崩塌。**但是崩塌之后，预期也跟着崩了，这时现实又比新预期高一些，过些年你又感觉好起来了。

如果你也经历过这种循环，那很正常。这种事发生得太多，一些人在爱国和恨国之间来回切换，以至于有个专门的词来加以形容，叫"神兔二象性"。而青春期，就是大规模神兔变换时期，从无忧无虑的校园进入丛林般的社会，发现自己以前理解的都是错的，很快以前的观念全部崩了。尤其是像近两年的情况，经济不太好，工作不太好找，各种负面消息一出来，更是成建制地倒戈。

我爱的国，也可以不完美

那我们到底该如何看待社会上的那些负面问题呢？

其实，当我们基于对现实的深刻理解，再去观察各种社会事件时，很多事情就变得不那么难以接受了。

网上很多正能量博主碰上坏事总试图说成好事，实在不行，就在欧美找个例子比烂。其实这还是一种"裱糊匠"思维。在我看来，根本没必要，**承认那些事本身并不对，然后解决，就得了，就这么简单。** 碰上问题解决问题，并且改进，这不就是毛泽东思想的精髓之一"实事求是"吗？

我们这些年进步的关键，其实也就在这里。社会问题发生后，大家有愤怒，政府有解决方案，并且最大限度地避免再次发生，这也就足够了。

而且我们这个国家太大了，大家如果愿意出去走走，就会发现似乎没有任何一个规律适用于这么大的国家。你会发现善良有时候有好报，有时候没好报；邪恶的人可能会倒霉，也可能一辈子过得比大部分人爽；各种"二代"有的非常招人嫌，也有一部分非常真诚。

你甚至会发现，我们传颂的很多美德其实是稀缺的，我们经常唠的一些逆袭也是很少见的。事实上，稀缺的东西才会被传颂，而稀缺的东西大概率不会落在你头上。还有很多人念叨的公平，很可能很多人一生都活在不公平的阴影下。

也正是这些不尽美好的人和事组合起来，抽象出了一个"国家"。年轻时你可能觉得"某个群体是这样的"，但可能用不了多少年，你就会发现自己错得没谱。**如果你的生活有进展而不是停在原地，你最后会发现，你爱的或者恨的长期看来可能都是**

错的。

而我们能做的，只能是不断调整自己的观念。比如，某暴力事件发生后，全网一片骂声，有些小伙伴觉得大家追着自己的老家骂非常不好，可我的一个同事却很高兴，他说暴力事件是个客观事件，我们改变不了啥，事实上每天各地都会发生类似的暴力事件，可是他们老家这次最终闹大了，全国都在骂，他相信接下来很多年，他们老家将是吃烧烤最安全的地方。

所以说，没有压力，就没有改进。很多时候，问题就在那里，区别只是爆出来了或者没爆出来。作为一个成熟的社会人，我们更希望它能爆出来，然后整个社会竭力去解决，迟早会有一个满意的结果。最危险的情况就是，暗流涌动，表面却一片宁静，没人意识到有问题，更无从解决问题。

如果你的爱国是通过和其他国家比较所产生的虚妄的自豪感而激发出来的，那么现实迟早会把你这种自豪感击得粉碎。

你的爱国应该是一种单纯的感情：知道这个社会并不完美，可是这几十年里已经天翻地覆；很多人并不富裕，可是努力在让自己过上更好的生活；很多事情并不正义，但是社会舆论越来越无死角，坏人们越来越战战兢兢；知道社会并不完美，但希望它好起来，碰上不正义的事会去呼号；每次国家解决一个问题，你的信心就会越来越坚定，因为你看到社会各界都在努力解决问题，时间长了，你就会相信所有的问题最终都能被解决。

如果你的信心建立在"我们终将解决一切问题"上，因为我们就是这样过来的，而不是"除了我们，其他人都是垃圾"，那么相信我，你的世界观会越来越豁然开朗。

只有这样，每次出现的重大问题才将不再是你悲观的理由，而是一个全社会改进的机会。只有问题解决了，群众满意了，社会每次都能进步那么一点点，那么这个社会才有希望。事实上，所有社会进步都是这样不断地对问题进行修正而获得的，我们只要不回避问题，勇于解决问题，就是最大的进步，又有什么没信心的呢？

普通人成事，就是不断积累小胜利

压力和痛苦的根源是什么？

这个问题我已经想了太久，倒不是思考"这个社会怎么了"，而是在思考我自己。毕竟作为一个资深"小镇做题家"，从一个小地方通过高考走到现在，已经严重超预期。看看我周围的人，也都差不多，如果没有高考，按理说都该去工地的，如今却能在北京定居，也是匪夷所思。那大家因此而感觉轻松，并且压力很小吗？

并没有。

现在想想，其根源主要还是在小时候就种下了。那时候条件太差，当然了，不是我家差，是整个社会都不咋的，我们那代人从小就被教育"不好好学习就得去放羊"，从那时候起，就在"思想底层固件"上打了"放羊烙印"，主动牺牲了当时所有的生活质量，似乎活着就是为了将来。

这种心态长期看来可能是一种"奋斗"心态，对个人发展相对有利，但是必然会牺牲当下的幸福感，等到有一天一回头，惊

讶地发现自己当初想做的都没做，如今终于有条件去做了，但自己已经不年轻了，也不想去做了。

我发现这种心态并不是咱们独有的，但凡穷过的人，基本都有这种情况。

前些年还没暴发疫情的时候，我经常出国到处跑，出于工作原因必须跟老外打交道，我由此发现一个问题。欧洲老外当中，跟我年龄差不多的普遍比较随遇而安，因为他们成长生活的时代，欧洲已经很发达了，他们从小衣食无忧。但是年龄大的，比如七十来岁的，也就是出生于 20 世纪 50 年代的那批人，不管是英国人、法国人，还是德国人，他们跟欧洲 20 世纪 80 年代出生的人的观念都不一样，反倒是跟我的观念有点像。

因为 20 世纪 50 年代欧洲并不像现在这样，当时他们也不太富裕，战争把国家打穷了，一直到 20 世纪六七十年代才恢复。所以，20 世纪 50 年代出生的欧洲人小时候也不富裕，导致后来也不是太有安全感。这些老人比年轻一些的要精打细算得多，而且娱乐活动也少得多，并不是老了不愿意出去，而是他们年轻时也觉得要好好攒钱，攒够了将来就不用过小时候的生活了。

小时候，或者年轻时候的烙印真的可以伴随一生。我经常跟身边的人聊，大家理智上觉得应该不会回到以前那种一穷二白的状态了，但是心里那种由衷的恐惧，几乎没法克服，总想存钱，有了存款才有安全感，而且习惯性推迟享受，甚至不少人在享受生活时有种负罪感。

当然了，这不是问题的关键。**成年人的痛苦，大部分是比较出来的。**

我以前讲过一个发生在我自己身上的事，当初我毕业刚加入公司，没几个月就赶上公司发奖金，给我发了7000元。当时我高兴极了，觉得简直是白给，毕竟培训还没结束就给钱，真过瘾。

然后跟我关系最好的一个哥们儿伸出三根手指，我以为是三千，没想到是三十千，当时的那种痛苦到现在依稀能感觉到。如今我已经爬到当初我的那个领导上边去了，每次看到他，依旧会想起来当初的不爽。

不过后来我的那个小伙伴还是离职了，因为有一年公司给了我一大笔股票期权，跟我相比，他的就没法看了。他跟我说，谁比他多赚这么多他都能理解并接受，唯独接受不了那个人是我，谁让我是他哥们儿，我就是他的"锚点"，如果偏移得太厉害他就会崩溃，因此他后来就离职了。

如果你是个喜欢比较的人，以现在社会的透明程度，生活中这种持续的压力基本不间断。因为你不管多牛，你在你的交际圈里都处于中间态，如果你坚持这也比、那也比，那你会发现生活中真没多少欢乐可言。你赚得再多，跟身边那些高位的人比起来也啥都不是，而且不少人自带起跑线，生下来就比绝大部分人都靠前。

在这一点上,我觉得大家都应该向老北京人学习。北京人是见过世面的老百姓:朱家皇帝自杀了,来了李自成;没几天听说李自成也跑了,又来了八旗的王爷们,屠尽了满城天潢贵胄的朱家子孙;再后来八旗王爷也一样,夹着尾巴做人。所以,北京老百姓的心态就很好,怎么说来着?眼见他起高楼,眼见他宴宾客,眼见他菜市口。内库烧为锦绣灰,天街踏尽公卿骨。所以,老北京人哪怕一个月三四千元收入,日常照样乐和,不是现在乐和,而是啥时候都那德行。

当然了,更关键的是安全感,对于未来啥样,并没有太多的经验可循,我们有几千年的历史,但对现代生活并没有太多经验。 因为我们现在的这种生活状态并没有持续多久,满打满算也就 20 年。如果把加入 WTO(世界贸易组织)作为中国的转折点,到现在也就 21 年。问题是这 21 年里,我们并不是一加入,我们的日子立刻就好过了,而是要到 2007 年前后。

在这个过程中,我们又经历了持续的货币贬值。如果十几年前的有钱人没有果断买房,其身家很可能被通胀稀释得差不多了。等大家都意识到房子最保值的时候,房地产眼瞅着也要到头了。接下来通胀会不会继续,什么东西最保值,谁都说不上来,大家心里都有点蒙。一线的房子可能保值,但是门槛高到能当鬼故事讲,不出意外,在接下来很多年里,80% 的人的房子前景难预测。

我之前在某乎看过一篇点赞上万的文章，后来没了，不过那篇文章里的思想如今却活跃于几乎所有的社交平台。那篇文章是一个大学生做的反思，他反思了父母的大半辈子，他们没有高学历，也没什么突出的能力，没享过福，也没有啥高深的思想和经验，努力奋斗想给孩子好的生活，可是做得并不好，给不了孩子任何有用的建议，他们尽力了，却没啥用。而且他们平时积累了太多的压力，在外边不敢跟人表现，回家之后都给了家人。

作者觉得父母太不容易，但是也表示并不太理解他们，因为他们没有能力让孩子过上好一些的生活，却把孩子带到了这个世界，他理解不了，觉得自己一辈子也没啥优势，既不聪明也没有激情，更关键的是自己也没啥动机去练那些新的技能点，内心太脆弱，承受不了失败，害怕失望，目测没什么大出息，唯一能做的，就是不让自己的孩子再受一茬罪，所以他无论如何也不会生孩子。

文末有句话，说得很扎心，他说谢谢父母那么多年含辛茹苦，只是下辈子别生了。

看到这个，好为人师的我本来想开导他几句，后来发现说不出来啥，这些年接触了不少日韩年轻人，发现他们的想法也基本上是这样，知道自己不聪明也没有内在驱动力，试过了，发现确实不行，于是准备主动节育。我不知道国内的这种想法是从日韩进口的，还是国内一些人自己悟到的，反正在东亚，慢慢地越来越多的人开始有了这种想法，用他们自己的话说，这叫"接纳自己后，顿时天地宽"。

我发现他说的那些事并没有什么好的办法解决，东亚就这样，人多资源少，互相往死里卷，卷到最后，除了少量卷王胜出，大部分人过得也就那样，到如今发展出了相同的问题，就是大家都不生了。

少定高目标，多"一边走一边看"

说到这里，大家可能以为我有啥办法能解决，讲真，并没有，不只我没有，我看了下这段时间以来其他人的那些文章，如何防止年轻人内卷，如何防止年轻人不生孩子，说实话，我觉得他们都不一定能说服自己。

不过，在放弃了找解决方案之后，反倒发现很多事有改进办法，就好像你没法改变你的样貌，但你可以稍微瘦一些、稍微干净一些，让自己看起来不那么颓废。比如，为啥有些人非常脆弱，已经脆弱到啥都不敢去尝试？我观察了下，很多人有个误区，总觉得目标定高一些，最后也能实现一个二等结果，目标太低就算实现了也没啥。

可心理学研究显示，"目标"这种事不要随便定，如果长期处在目标总也没法完成的状态下，慢慢地精神上会越来越缺乏动机和内驱力，心灵就跟一个备受打击的孩子一样脆弱，碰上事首先想的就是退却和失败。 他们甚至不敢使全力，因为使用全力后最后还是失败的话，那就得承认自己是个傻帽。这对每个人来说都很难，有点类似"习惯性流产"——定的目标如果经常达不成，慢慢地潜意识里就会陷入一种"习惯性放弃"，别说大目标了，连小目标都搞不定。

同样的道理，很多父母对孩子的教育也是那种"打击式教育"，觉得高标准才能高水平，想得挺美，不过成功的概率跟在大 A 股赚钱差不多。

几年前看过一个顶级教练的访谈，他说他的工作有两点，给运动员拆分目标，把难度超大的目标拆分成一个个稍微有一点点难度的小目标，然后在训练过程中不断纠正运动员的小问题。**人的信心和意志都是训练的结果，需要不断通过一个个小目标的达成来"喂养"。**有些人总是失败主义情绪严重，可能是天生的，不过大概率是后天设置目标太高，一个都完不成，把自己的情绪搞崩了。

至于有些人希望通过不断购物来让自己得到欢乐，那更行不通。心理学上有个词，叫"专注点幻觉"，说的是你下单买什么东西的时候，往往无限高估那玩意儿对你生活的影响，以为买来后生活会有大不同，等到货了，用几天，慢慢就忘了自己还买过这么个东西。也就是说，消费能带来短时间的期待和快乐，长期效果却很差。正如有句话说的，游艇主人的快乐只有两天，买下的那天和卖掉的那天。

类似读书、散步、旅行这些事，短期快乐值很低，但是就跟

"涓流"一样，慢慢地也会积累成一个巨大的底座。经历才是真正的快乐之源，而不是商品。所以，去溜达，去交朋友，去做点之前没做的事，保证你有收获。

在我们很多人的观念里，所有东西不是金子就是垃圾，没有其他状态。如果你坚持这样想，可能会出人头地，但是你不会多快乐，更大的可能性是自己把自己扫入了垃圾堆自暴自弃。

我想说的是，人要学会接纳，接纳自己只是一颗螺丝钉，接纳自己是普通人，能不去比较就不要去比，你只对自己的幸福和快乐负责，蛋糕能让你快乐，就吃蛋糕，电影能让你快乐，就看电影，不过要控制好节奏，毕竟太过频繁可能这点仅剩的快乐也没了。

对于奋斗这事，也不要使全力，最好是八分力，剩下两分去追求生活中的快乐和幸福，毕竟这才是生活的目的本身。我的经验是，只有这样做，才能跑得久也能跑得远，如果准备以牺牲全部生活为代价去追求某个目标，大概率最后这两样都得不到。

人在做计划的时候，很容易觉得自己会是"二八定律"里的那个"二"，但是经常结果是"八"。倒也不是让大家保持悲观，而是说想清楚如果最后结果是那个"八"的话，能不能接受。我也是想明白了这事之后，心态才有了巨大的改观。

所以说，如果很厉害成了"卷王"，那恭喜你。如果卷不动，也不要太苛责，毕竟这是绝大部分人的结局，好在过好这一生可能不需要当卷王。对自己不要太苛求,慢慢来,降低预期,降低目标。比如学些什么新技能的时候,先问问自己,一个普通人需要多久才能掌握,慢慢来说不定能搞定,我就是这样学会了不少新技能。

至于经济面,也不用太担心,担心也没啥用。从文明史角度来讲,经济在 99% 的时候是停滞的,只有最近这百八十年发展迅速。换个说法,经济停滞的时候就不过日子了?照样过。

当然了,停滞是底线,现在情况也没那么糟,兰小欢有句话,他说经济是向前的,而且中国再也没法走向封闭了,只要一直向前和开放就没啥事,疫情会结束,信心会回来,你一旦接受了"一边走一边看"这个设定,你的人生也就没啥可纠结的了。

而且也不应该把"资产升值"当作理所当然,甚至不应该天天想着怎么让资产跑赢通胀。前几天刚看到一句话:"很少有人因为通胀而破产,基本是为了跑赢通胀而破产。"这几年碰到好几例这种事,有高管年龄大了在职场混不下去了,拿着几百万元退场,觉得非常纠结,如果这几百万元存银行,担心再过二十年不值啥钱,就跟三十多年前的万元户似的,最后忍不住去投资增值,很快赔得啥都没了。还有人一开始确实赚到了,变得非常大胆而自信,觉得自己是个股神,然后不仅把本钱赔完了,还欠了一些。

他们共同的退路是把钱折腾得差不多了,然后继续找个班去上了。这些人赔钱之后对生活终于悟了：投资个啥啊，钱多钱少都存银行，然后自己继续找个班上不比啥强？看，你不需要花钱就学到了这个关键知识。如果他们早点意识到自己会是"赔钱的大部分人"，可能结果也不会这么差。搞笑的是，大部分人觉得自己会是小部分人，简直是个悖论。

最后再总结几句吧。**我们的生活相对以前已经好了太多，但是我们往往让自己陷入无限比较和消费主义的陷阱，总觉得幸福是通过比别人强或者能购买到更多的商品来获得的，这样想往往既不会幸福，也不会比别人强。**

普通人，尤其是不再年轻的那些人，要认清自己的边界在哪儿，对生活多一些感恩，少一些苛责，定目标的时候低一寸，通过不断积累一个又一个小成就来让自己重新获得那种把控感。如果你还年轻，更应该这样。

做大事和做小事
差不多，

反正再大的事，

也得分成
很多件小事慢慢做。

被出身和时代框住的普通人，还有机会吗

"命"的两个维度

我这些年对"命"的含义有两个维度的理解：原生家庭和所处时代，这两者基本上框住了大部分人的一生。

很多人一辈子都摆脱不了原生家庭带来的影响，情绪、习惯、性格，这些大部分都在很小的时候形成了，孩子的成长过程主要受父母的影响。

如果父母感情和睦，孩子大概率是一个性格温和型的人，他这辈子一般不会因为太冲动而得罪人。如果父母经常吵架，孩子大概率会遗传一部分暴躁基因。这些影响都会渗透在一个人一生中的方方面面，有些人不卑不亢不招人烦，有些人稍有刺激就发飙，这两种人大概率会走上两条人生道路，后者必须用自身的其他优点来抵消自身性格上的缺陷。

而且，父母的性格会对孩子的性格产生影响，孩子不一定只是简单模仿父母，也可能是向父母的另一个方向发展，其中的情况非常复杂。比如有的父母太老实懦弱，最终一事无成，那孩

子有可能在懂事后就对"老实"超级反感，慢慢地走向另一面，觉得所有人都亏欠于他，干啥缺德事也都毫不愧疚。

此外，父母的财力和能力同样也决定了孩子周围是什么生活质量的人群，决定孩子上什么学校，决定能接触到什么类型的人。所以说，孩子触及的教育资源其实就是父母财力和能力的延伸。

国外有的父母不惜花大价钱买房聚集居住在一起，到底是为了什么呢？在那里买房，有些小区甚至还需要进行面试，如果家庭地位处于底层，就无法入住这样高端的社区。这个问题同样在国内出现了，个别地区的父母们花费上千万购入老破小的房子，全家蜗居在一个狭小的空间里，到底为的是什么？为的是学区学校里的师资力量？房子优越的地理位置？当然都不是，其实就是为了一种文化及学习环境氛围。父母能拥有上千万资产，能力、财力自然不可能太差劲，居住在"东西海"的父母们普遍坚信，在这种环境中成长起来的孩子会更加健康一些。

说到这里，可能有人会有疑问：父母是清北名校毕业，儿女就能继承父母学霸级别的智商？

当然不能了。智商是这个世界上最不稳定的遗传，西方富豪们往往都是通过生一群孩子来对抗这种不稳定性。但是，父母的很多思维方式会在潜移默化中传给儿女。比如，孩子之间发生矛盾打架了，绝大部分父母的固定思维模式倾向于不能让孩子受气，而理性父母的思维模式则更倾向于让孩子反思，到底是交往中哪个环节出了问题，才导致失控的场面发生，下回遇到这种情况应该怎么去应对。如果孩子学习成绩变差，理性父母也会更倾向于反思这段时间在什么地方有了变化，是不是这部分变化导致了孩子的情绪出现问题，从而影响了自身的学习。

我认为"回溯"和"反思"是人类历史上最伟大的进步，它让人摆脱了思想上的重复性错误再发生。人都有个毛病，犯过的错会重复犯，容易出问题的地方下次肯定还要再出问题，如果每次出问题都选择糊弄过去，时间长了慢慢就忽略了这个问题的存在，人也就一直在原地停留打转，止步不前。

而具备"回溯"能力的人，必须经过长期的训练，以及现代工程项目的锤炼，普通人非常难具备这种能力，甚至都不知道从哪里下手。而在工程学上，为了这项技能发明了一大堆工具。如果父母是学霸，在学业有成后又奔赴现代企业做工程项目相关的工作，且经过长期锤炼，专业能力已经融入骨髓，那么他们很有可能在日常生活中潜移默化地把这种能力传递给下一代。

现代义务教育多少弥补了一些家庭教育的差距，但是没法消除最本质的隔阂。学校可以教给你现代人类取得的巨大科学成就，但是学校提供的是一种"平均水平"的教育。如果你的家庭教育水平低于平均水平，那学校能拉高你达到平均教育水平。但是，如果你想高于平均水平，学校往往是无能为力的，这方面你只能依靠你的父母，由他们把自己积累的人生经验传送给你；

如果他们啥都没有积累下，那你就得自己去积累感悟了。

普通人可能需要到三十多岁的年纪才彻底开悟，没有父母一代人生经验、生活技能、智慧心得传授的叠加，在成长过程中蹉跎得黄金阶段都过了，才感悟到别人小时候就知晓的技能。

这些都跟游戏里的"初始设定"相似，到了二十岁左右的年纪就基本上改变不了了。你是个敏捷型的人还是智力型的人，性格是内向还是外向，是偏激还是冷静，基本上已经定型了，这些人生"参数"将会在你今后做每一个重大决策的时候影响着你。

我自己这方面的感触就非常深刻。我出身于教师家庭，好处是从小读书特别多，毛病是极度厌恶风险，从毕业到现在，好几个机会都在我犹犹豫豫中被错过。自从毕业后，我再也没投过简历，一直在一家企业待到现在。好在这家企业一路高歌猛进，不然我自己大概率会过着如同在国企一般的生活。当然也有衍生出来的好处，就是我顺利进入了中层管理者的行列，而且对业务过于熟练，可以腾出大量的时间在看书和写作上。缺点是如果我当初去了那几个初创公司，现在应该已经实现了财务自由，可以用所有的时间看书和写作。

这两年"原生家庭"这个词越来越火，我也一直在想这件事，惊讶地发现自己绝大部分缺点和优点，确实都是从父母那里受影响形成的，之前都没注意到。

某瓣上以前有个极端小组"父母皆祸害",现在已经搜索不到了,我曾在好奇心的驱使下去看过,结果差点抑郁了。小组成员的父母们有很多做得都不太好,把孩子的一生都给毁了,导致孩子生活在极度的痛苦中。以前我觉得这种原生家庭的祸害是少数现象,后来发现不一定,因为大部分人生孩子并不是因为足够成熟、足够理性到可以为人父母了,而是没想太多就把孩子生下来了。但是养孩子这件事比考研难得多,于是很多父母对怎么养大孩子这件事又犯难了,但又不能不养,只好凑合着养,在孩子成长过程中,父母很多事都做得不太好,出现的问题没有解决,导致孩子受其影响痛苦一生。

人的基本性格有部分是原生家庭给"捏造"出来的,不过好在这并不是问题的全部。

到了社会上,还有一个可改变的参数,就是自己所处的时代。以相同的才华做个对比,分别处在快速上升期的中国、文明相对落后的非洲、持续稳定发展的欧洲,最后演化出来的肯定是三种不同的结果。

我有个远房亲戚,我的整个童年就是听着他的神话长大的,知道他有钱有能力,长大后才了解到,他就是敢闯敢干的那类人。在20世纪80年代,他就顶着巨大的风险开了一家小饭店,随后就步入了开挂一样的人生。因为在那个年代开小饭店实在是太赚钱了,他快速地攒下了初始资金,后来基本干什么成什么,一直持续到2010年,之后事业开始跌宕起伏,后来就干脆退休不干了。

  这其实就是典型的赶上了时代红利，处于上升期的国家对每个人试错的容忍度极高，即便犯了错，改了就行。但是一旦进入稳定期，事情立刻就不好办了，有种喝水都容易被呛到的无力感。2010 年前后，部分行业开始产能过剩，做实业相关的企业竞争非常惨烈，利润被分摊得很薄，早期入行的那批人就没有竞争力了，取而代之的是互联网行业的新贵们。他们闯入了新的处女地，随便怎么折腾，无所顾虑。所以在这个行业，有不少人三十岁出头就实现了财务自由。这要是放在传统行业，比如机械、土木相关的行业里，几乎是不可能的。

  也就是说，**时代赋予大家差不多平等的机会，但是出生在不同的家庭环境，对机会的承接能力就无法完全一样，最后同样演化出来完全不同的结果。**

  从这个逻辑上讲，只要知道一个人"出生于什么家庭"，生存在"哪个国家、哪个时代"，把这两个参数确定下来，那么这个人这一辈子是什么样子的大概也就一目了然了，或者说大部分人这辈子变化不大。只有一小部分人的人生会发生逆转，出现非常大的差异，但是这部分人不会太多，也正是因为出现差异的概率太低，所以这类逆转的人生才会被大家津津乐道。

如何跳出原本的格局？

说到这里，可能有种浓重的宿命论的感觉，如果从群体角度来看，确实是这样，不过从个体角度来看，又不一定是这样。通过我这些年的观察，大概下面这两点能够帮助人跳出原来的格局。

第一点是性格。

我自己感到最痛苦的，是当项目经理的那几年。大家往往觉得码农们很单纯、很纯朴，非常好管理。其实不是，他们的内心世界一个比一个丰富，只是不愿意说出来，最擅长非暴力不合作。在他们眼里，其他人都是傻子，日常鄙视每一个人，拿到别人的代码总是先骂几句"傻×"，然后才开始工作。所以我那几年工作得并不顺利，后来才知道，其他领导也有相同的体会，发现管理这帮人实在是太糟心了。

后来我向上升了一级，同时提拔了一个哥们儿做领导，他的技术一般（管理层人员的技术大部分一般，中等偏上就足够了，反正今后也不用写代码了），但是性格特别好，非常外向，跟谁相见都是笑脸相对，待人非常诚恳。在一次座谈分享的时候他说，他性格本来是属于内向的，但是后来强迫自己不再回避别人的目光，主动和别人打招呼，并且认真聆听他人，然后用最诚恳的态度去对待每个人，后来他惊讶地发现，以前大家好像都无视他，现在大家都挺喜欢他，随之进入了一个正反馈的状态。

受原生家庭影响形成的孤僻性格，有时候是能改变的，关键是你愿不愿意去改变。而大部分人一辈子过得不太如意，其实有一部分原因就是性格太过孤僻。

此外，太多人总想玩点"社交技巧"，可是又没那个能力，最后成了画虎不成反类犬。通过我这些年的观察，得出的结论是，如果在社交中你实在不知道怎么做，可以选择真诚对待他人。**从长期来看，真诚是成本最低的一种策略，既不用做作矫情，也不用复杂的社交技巧，还可以快速获得别人的信任。**

前两年我去大学里招聘，所有人都在简历里写了精通专业技能。其实想想就知道，那些编程语言没个两三年实战功底，很少人敢说自己精通。不过大家都这么写，也就无所谓了，不过总有人会很诚恳地写着"只用过×××，写了上万行代码，不确定是否精通"，这种人肯定会让面试官眼前一亮。当然了，能不能被录用还得走常规流程，但印象分肯定是加上了。

人这一辈子，自己的能力是一回事，但是能往上攀升，大多数时候是因为遇到贵人，他愿意拉你一把。这种"拉一把"的动机排序大概是：血缘＞裙带＞伯乐。这也就决定了大多数时候，家族血缘对人的影响最大。普通人只能期望遇到伯乐了，而且还得是没有自家人需要提携的伯乐，在这种情况下，伯乐才会去拉一个没有血缘关系的人。那在这时候，你肯定得是一个性格好的人，最起码不能人见人烦。事实上，有太多人好不容易攀升起来后暴露本性，最后栽在了目中无人招人烦这个毛病上。

第二点是职业。

职业发展的关键有两点：一点是职业本身，另一点是你自己。

职业本身的意思，说的是这个职业的发展前景怎么样。同一个人，在不同的行业里发展，其结果可能完全是不一样的。比如，十年前你分别选了与互联网、土木和机械相关的三种职业，这完全就是三种不同的发展路径，到现在大概率也是完全不同的结果。

整体来讲，职业选择的规律是，稳定的预期能得到稳定的结果，比如去做公务员；不确定的预期有不确定的结果，比如去做生意。**太过平坦的世界自然是很安全的，但是也不会有太高的高峰。高峰林立的地方风险也多，这就需要大家自行权衡判断了。**

之前在 TikTok 社交平台上，有位小哥在美国天天问那些开豪车的人是做什么工作的，在小哥得到的回答里，基本没有确定性高的行业，而确定性高的行业门槛都高得离谱（美国的医生和律师从业资格执照，比中国门槛高得多得多，而且又贵又难）。

当然了，最重要的还是人本身。**从我自己这些年的感触来看，进取心、亲和度、积极性、勤奋度等，这些优秀品质对人的影响是持续数十年如一日那种的，而且没有办法伪装。** 比如，你是个积极性强的人，为人处世自然事事积极，总会有让你碰上好运气的时候。但是，如果你是强行装作很积极的样子，用不了多久就会彻底崩溃，伪装让你疲劳得不行，很快生活就无暇自理。

最近几年有深刻的研究发现，意志力和积极性都跟肌肉记忆极其相似，而且跟不同的人能举起不同的重量的差距一样，意志力和积极性的差距也非常大。但是，**意志力和积极性是可以通过刻意训练变得强大的**，不过就跟大部分人无法长期坚持去健身房一样，大部分人也没法太过明显地改善这两个参数。

最后，本文并不是在宣扬宿命论，只是从大部分普通人的人生样本来分析，并得出结论：一部分普通人的一辈子已经被出身家庭和生存时代给框死了，这些人应合理跳出那个被框住的圈子。

把视野放大来看，现在这个时代无疑是中国五千多年历史上最好的时代，给了普通人太多的机会和选择。 无论是谁，如果能认真在一个领域专心投入十年时间研究，基本上都能达到一个很高的高度。大家可以想想自己十年前是什么样，现在又是什么样，估计很少有特别倒退的人。而且哪怕只是集中注意力在一件事上投入十年时间，结果大概率也不会太差。

卷不动了，去"考公"可以吗

公务员这一职业的荣与衰

前段时间，我跟以前的同学一起吃饭，无意间聊起了我们班的另一位同学，说是毕业后经过辗转的求职折腾，先是出国谋生，后来回国去了大厂工作，现在又去做了公务员。

这位同学的这番人生际遇让我非常感慨，因为我大概是十年前毕业的，以我的专业学历，在我毕业那会儿，大家最热门的三个选择，就是"出国、去软件通信相关大厂（那时候移动互联网还没太出现）、考公"，考公排在最后面。因为在当时，大家普遍没办法接受那种一眼就可以望到头的生活，不到万不得已，一般不会选择去"考公"。

别人正常选其中一条路，他倒好，把三条路选了个遍。于是在写这篇文章前，我专门给他打了个电话，了解了下他到底是什么心态。他的心路历程可以分为以下三个阶段：

第一阶段，他出生于一个二线城市的公务员家庭，生活条件已经比大部分同学好一些，彼时他人生最大的梦想就是不做他父母那样的人，不能把有限的人生花费在日复一日重复的劳动上，所以在大学期间他好好学习英语，毕业后就去了美国。

第二阶段，在美国工作几年后他觉得很没意思，收入虽然比国内高，但是生活确实是没意思，于是萌生了"要不回国"的想法，而且仔细想了想，发现回国确实也不是一个差的选择，于是干脆就回国了。

第三阶段，回国后他进入了某通信大厂工作，干了几年后，发现自己的职业生涯很快就要到头了，因为他惊讶地发现通信这个行业目前已经进入了后半期。更让他郁闷的是，后来者不断有新秀涌入，而行业整体已处于稳态，他不太能升上去了。

再加上有段时间，他怀疑自己被各种新闻 App 软件的算法盯上了，每天各个平台给他推各种职场中年男性焦虑的内容，总有忍不住想点进去看看的时候，随后平台推送的相关内容就更多了。于是突然有一天，他发现自己竟然对稳定状态有种深刻的渴望，而且父母也已经替他打听过了，以他的高学历，四十岁想去"考公"都可以，故而询问他要不要去试试。

一开始他觉得这个想法很搞笑，后来越想越觉得不那么搞笑了，再后来去研究了下，发现跟自己想的也不太一样，最后就彻底接受了，觉得也还不错。而且，如果考了公务员，时间好像更充沛了，可以陪孩子。随后他开始了一年左右的准备，好在学习能力还在，又有对口技能，本来觉得希望不大，结果竟然考上了，现在已经正式开始公务员的工作，他自己感觉也很好。

如今他很多观念发生了改变,有种看山不是山的感觉,比如最明显的一点,就是跟同事的关系。他在美国和一线大公司都待过,发现在国外和在大公司工作,跟在体制内工作完全是不一样的。

以前在大厂工作,几乎没有人准备在自己的岗位上干一辈子,毕竟即便你准备干一辈子,也说不定过几年你们部门都没有了,因此同事之间的关系不怎么样,不好也不坏,大家都把彼此当作人生中的匆匆过客。

但是进到体制内就不一样了,大家瞬间就意识到要和周围的人打好多年交道,甚至整个职业生涯都捆绑在了一起,升迁竞争也没有那么激烈,毕竟工作资历是需要慢慢熬的,因此能感觉到体制内单位的诸多温暖。

更重要的是,工资待遇也跟他以前想的不一样。本以为从大厂员工到体制内公务员,收入得砍掉一大截,后来发现不至于。主要是因为在体制内工作,工资只是一部分,一年下来其他福利待遇,在工资基础上翻两倍、三倍也很正常。感受到体制的温暖后,他突然明白了为啥之前有年薪百万的基金经理考上证监会的公务员后就果断跳过去了。

我在微博和头条上也曾聊过几次此类话题,其中有不少小伙伴参与了分享,所以我也了解到了一些更深层面的内容。

首先很多人没有注意到,在国内互联网上被提及最多的职业群体,无论是公务员,还是互联网一线大厂员工,或者是设计院，本身都是国内最靠前的一群人，也就是极少数人。比如，公务员看着队伍庞大，其实每年国考仅录取 2 万人左右，2022 年算是录取比较多，共有 3.12 万人。码农队伍就更别说了，看着好像遍地是码农，其实也没多少。大部分互联网人在讨论月入 3 万元白菜价的时候，实际情况却是国内绝大部分人口的个人收入不太理想。

但是，互联网人、公务员、设计院这些话题在网络上出现得这么频繁，跟他们在人口中的比例严重不相关，尽管互联网上关于职业的讨论基本上都是这些，给人的感觉好像中国有 80% 的人都是从事这些行业一样。其主要原因是，在全世界的互联网上，"发帖权"都控制在这些人手里。大家可以看看各个平台的博主，大部分都是这些人，有学历，能码字，又有点见识，所以大家愿意围观。很少听说谁是"农民自媒体"，或者是"厂哥厂妹自媒体"，因此在中国人口中占比最大的那部分人在网络上存在感很低或没有。

这也是为什么不少人发现，**在微博和网上达成共识的一些话题，一回归到现实生活，就完全不是那么回事了，因为现实生活中的人跟你上的不是"同一个网络"**。网络上关于职业的讨论话题，本身就是我国的"头部职业"话题，也是我国头部人才们的选择。

而公务员这个职业，有点像国债在金融市场里的地位，虽然比较保险，但是收益率并不高。职业领域的风向标，一向是如果大家有更好的领域选择，就会集中涌向那个领域，等到没什么好选择的时候，又会去选择考公务员。所以这些年的"考公热"，整体是一波一波的走势。

最早的"考公热"是在20世纪80年代，那个时期在体制内工作是很吃香的，毕竟体制外没什么就业岗位可选择，而且对于将来路往哪里走，大家还不明白。所以在那个年代，进入体制内工作是一个既安全收益率又高的选择。

到20世纪90年代，"考公热"有所减退，因为当时从深圳传来了太多的财富神话，开饭店赚得盆满钵满的，炒股票迅速暴富的，动不动一个星期就可以赚到体制内一年收入的。

2000年到2010年，我国开始给公务员涨工资，"考公热"有所回升。另外，这期间中国的外贸发展得也不错，大量大学毕业生去了东南沿海，这十年可以看作双头并进。

2010年到2020年，"考公热"又开始减退，因为移动互联网行业开始暴走，淘宝时代降临，这些行业的从业者又创造了财富奇迹，一年收入就高达体制内十年的薪资报酬，这谁受得了？！

但是近两年，情况又有所改变，因为国内互联网行业的增长空间没有了，但是程序员却依旧在持续涌入，最后形成了一个让每个人都岌岌可危的状态，公务员的春天似乎又来了。

如今的码农头部集团，其收入仍然高得吓人。比如2021年腾讯校招薪资直接给到40万元年薪，有些算法岗位甚至直接给到六七十万元年薪。你们能想象吗？二十岁刚出头的年纪，一年六七十万元的收入。但是大部分人是没法到这种状态的，码农第二集团的收入就差多了。

更关键的是，由于人多，有些企业玩起了"养蛊"模式，也就是开一份不错的工资，雇用一堆人，然后在接下来的一年内，用变态的企业文化赶走绝大部分人，最后留下最适合的几个人。这样看着是挺费钱，可是仔细一算，也挺划算。**被人才市场折腾这么几年，虽然一小部分人成了胜利者，但是这种胜利本身也是短暂的，在市场经济的大潮里裸泳，本身就是一个"跑得慢就会死"的事情，而且这种奔跑还不能停。** 大部分人拿不到超额工作的那部分收益，而且稳定性也越来越差，在这种情况下，越来越多的人自然把目光投向了体制内。毕竟大部分时候，"多数人的境遇"就是我们自己的境遇。

我怎么看"人才回归体制"？

回顾近些年在我国市场经济下头部人才的求职历程，大家就明白了为什么现在很多北方地区的老百姓对公务员有种莫名的崇拜，因为在现在的中老年人成长的时代，公务员一直是最吃香、稳定又有效率的选择。

很多年轻人理解不了，月薪三千的公务员和月薪三万的码农相比，为啥父母更中意前者。

主要是因为年轻人没经历过父母的时代，绝大部分父母走过的那几十年，看到过、经历过很多事，却不太能说出来。**比如最基本的一件事，在过去的 40 年里，没有任何一个行业能持续大火 10 年以上，只有公务员的职业纬度能一直维持住。**

你肯定想说公务员的工资低啊，可父母们不这么想。医学院的人知道这个公式：1.1 的 40 次方，约等于 45.26。举个例子，如果医院里每年涨 10% 的工资，一个人从 20 多岁开始工作，到 60 多岁退休，40 年的收入就会翻 45 倍。在父母那一代人眼里，公务员的稳定价值累积也是这个逻辑，只是他们形容不出来这个逻辑，最后总是说出一句"越老越吃香"的话来概述。那其他职业就不能这样？上文已经说过了，在市场经济大潮下，很难有行业能持续繁荣 10 年以上，所以不管你做什么工作，总会从中间被打断，失去整体的连贯性，也就没办法持续增值累积。

现在这种全民追捧公务员的状态，早些年我肯定会极力批评，觉得大家的情绪太沮丧了。但现在我不那么想了，对于个体来讲，考公务员确实是个好去处，既然是好去处，那么去追捧也就没什么可批判的。

有些人总觉得清华、北大毕业生去考公务员有些可惜，其实这么理解也稍欠周全。在发达国家，文官队伍全是由来自世界各国的名校毕业生组成的。既然文官们都是名校毕业生，那在我国，名校毕业生们就需先考公务员，不然怎么进一步做文官？

比如我们单位，即便是管理十来个人的软件项目组，都需要 985 硕士毕业生，而且要从基层做起，先写两年代码，再经过反复选拔,然后才能升职PL(项目组长),一个PL管着十来个人。如果要管理杭州、北京、天津、重庆这种千万人口以上级别的城市,那不更得需要高智商、高学历的顶级人才吗?所以,名校毕业生去考公务员这件事也属于正常现象,在高科技文明的现代社会就需要用专业人才。比如证监会,监控那些遍布高智商人才的金融机构,就需要证监会里的工作人员更加具备卓越超群的专业能力,其他行业部门也是一样。

看现在内地的发展形势,应该是趋向于成熟的发展模式,一方面要高压反腐,另一方面要保稳定、惠民生。公务员会成为越来越受人尊敬而且门槛很高的职业,这对社会来说也是件好事。

不过也应该警惕社会整体性的"企稳"现象,这本身就是不健康的。 如果一个社会里最优秀的人才都不去冒险,不去突破固有的现状结构,整个社会就会陷入明清式自闭的稳定状态。以史为鉴,稳定系统最后都会走向衰亡。

老百姓往哪个方向发展,并非靠说教就顶用的,关键问题是物质激励,也就是给钱。当然了,"给钱"不应该是国家给,而是让市场经济去定价,而公务员这个职业就类似于银行存款,如果存款利率太高,直接把钱放银行吃利息就行了,那谁还会去投资新领域?所以,公务员的收入应该要比社会中等收入高一些的,不过不能太高,不然就会扭曲社会价值观的判断。如果稳定还能获取高收益，那谁还会去争取不稳定的收益？谁还会去冒险探索新的发展？国家现在高压反腐，也是这个思路，避免体制内人员获取非法超额收益。

文末总结一下，追求稳定无可厚非，但也不要嘲笑那些创业冒险的人，前者是我们的本性，后者是社会的希望。

内卷严重的传统行业，出路在哪儿

最近在朋友的介绍下，我迷上了通过手机视频去看普通人生活的喜好。在这些视频里，一个个日常和我们擦肩而过的人，通过手机记录着每天的生活，然后分享到网络上，让我们可以和他们隔着屏幕交流，感受他们的喜怒哀乐。

在这些普通人当中，有跑长途的司机大叔，有开烧烤店的小老板，有在宠物医院工作的年轻医生，有在横店做二百元一天群演的临时演员，有开废品收购站的"鉴宝师"，还有兼职跑网约车和代驾的城市白领……

不同于美颜和剧本包装下的老式短视频，这些更加真实和粗糙的东西，有着让人难以描述的吸引力，在我看来比电视上的大多数节目都要好看。这些短视频记录让无数和我一样的人看得非常上头，根本停不下来。

其中最让我有感触的，就是记录工地生活的视频了。随着我看到的内容越来越多，我知道了"拉线"（工程定位）、"打灰"（浇筑混凝土）、"炒油"（弄沥青铺路面）这些专业术语。

不过看到、听到最多的还是"提桶跑路",意思就是实在干不下去,找个桶提着吃饭的工具(以红色塑料桶和油漆桶为正宗)赶紧跑路改行。

这些视频甚至被称为"考研加油站",意思是准备考研的土木工程专业的学子们,本来已经没力气,打算放弃考研了,看了视频里的这些工地生活,感觉自己一下子就有力气了。与其到时候提桶跑路,不如努力考研拼一把,免得落入苦海。也有非土木工程专业的人来留言的,考公务员的称这里是"考公加油站",程序员则称这里为"码农加油站"。

因为网络上的各类信息都无法也不敢保证其准确性(主要是负面情绪太多),我找了几位有多年铁路工地经验的朋友,其中还有已经升职到高层的小伙伴,经过一番认真的谈话,算是对这些工地群体有了一个大概的认识,于是写成了本文。

先说结论:网上视频里所说的居然基本都是真的,这着实震撼到我了。

真实的工地生活有多苦

按照我的认知,基本上只要干过工地的人,提到工地的辛苦大都会口出粗鄙之语。即便是一些早已离开工地生活多年的人,都发生过半夜被工地噩梦惊醒的事情。

有的是梦见要用的钢筋标号搞错了,有的是梦见自己掉进了深基坑,有的是梦见独自陷在水泥里,而四周一个人都没有。

我找的这位更绝，他有天做梦，梦见自己几年前建造的铁路桥塌了，事故责任调查认定他有一定的责任，判了三年。在梦里，他连自己囚服的号码都记得很清楚，而且和当时的一帮同事关在一个房间里，醒来以后他吓得特意开车去看了那个铁路桥一次。

说起来，在工地的那些工作真是辛苦，而且是那种全方位的辛苦。 最明显的就是环境太差，估计小伙伴都见过工地的围墙，里面立着两层蓝色的铁皮施工房，这就是工程人员办公住宿二合一的地方，保证你冬冷夏热。在工地里干活，从来都是晴天一身灰雨天一身泥，从里头出来的人和出来的泥头车一样，边走边掉泥灰渣子。

干活的时候不管天气是冷是热都要露天，夏天顶着太阳站在水泥地上，冬天站在四面透风的露天场地上。小伙伴说最惨的一次是夏天浇大体积混凝土，头顶烈日，浑身沐浴在40℃的气温下，而脚板却踏在10℃的水泥里（大块水泥浇筑为了防止内部过热，必须将水泥降温）。

另外，工地环境不好的一大特点就是吃得太差。 在网络上，很多工地人都认为他们的厨子是没考上新东方烹饪学校后出来报复社会的，不然无法解释怎么能把常见的食材做得那么难吃。一个提桶老哥走了以后，又舍不得工地的兄弟，于是就跑回来卖盒饭，最后发现比干工地挣得多得多了。为了验证这个说法的真假，我特意关注了一些做工地食堂的视频号，据说基本是工地食堂行业的天花板了，看了以后我认为这天花板的标准是够低的……

在工地打工，不但工作环境不好，很多工地还很偏远。 除了少数拆迁改造的房地产项目和地铁，绝大多数工地肯定都不在城市区域内。比如修路、修桥，肯定是在没路、没桥的地方。加上工作特别忙，所以在工地上工作的人出门也少，很多时候变得比山里的农民还要闭塞，以至于去一趟县城，开车就要2个小时，见到超过20个人都会很激动。

比如在一个视频里，一位从小生长在重庆、大学在上海读书的小哥，在进入铁路工程局工作2年后，对参加乡下赶集这种活动都非常高兴，并且认真地记录了自己吃早点的过程。

还有一位和同事去住快捷酒店的工友，退房的时候竟然舍不得走，实在是不想回到工地那种地方去"坐牢"了。

由于地理位置偏僻，很多时候工地人都无处可去，所以工作时间被安排得非常长。 无数工地人对于社会上抱怨"996"工作模式的人持轻蔑态度，因为在工地上高强度的工作进程，往往都是早上6点起来开工，干到傍晚6点才收工吃饭，而加班那是再正常不过的事情了。对于工地人来说，除了"通宵打灰"这种反人类作业实在是让人受不了，干个"606"已经算不上什么大事。

按照那个小伙伴的说法："别的地方还是一个萝卜一个坑，工地上有十个坑，却硬是只准备八个萝卜，哪个萝卜闲了都有坑等你。"又偏又忙，加上进了工地，短时间内就可以快速晒黑三个色号，又因饮食不规律造成快速肥胖，所以很多人的烟酒会伴随着繁重枯燥难熬的工地生活一起来，搞得不论以前是什么颜值，普遍都会快速崩塌到稀碎。

工地上男性的占比又接近了 99%（据说扣下的 1% 是怕工地人骄傲），于是难免地终身大事就很容易给耽误了。按照那位小伙伴的说法，他在大学的时候是有女朋友的，去工地后 3 个月没有见面，后来见了一次，对方差点认不出他，再后来渐渐地就分开了。家里人倒是给介绍过一次，他和人聊了两个月愣是没有时间见面，最后以辞职相威胁跟经理请了 3 天假（从他所在的工地去女方那里要 10 个小时），结果去了一次又没了下文，女方后来说是家里不希望女婿皮肤太黑。

就算是有了老婆孩子，很多人也是常年两地分居，一年里见不了几次，这种日子比打光棍还难挨，有的人有了家反倒跑得更快了。所以网上有所谓的"工地三宝——台风、停电、来美女"，发生一件就值得加菜庆贺，如果三件同时发生，那地球基本就保不住了。

至于工地上的风险，一不小心随时可能会出事，小到踩钉子打破伤风针，大到掉进水泥搅拌机。**各种安全事故每天都会发生，干工地的没有不受伤的。**夏天干活一天能喝十升水，但是休息的时候一点尿都没有。每天爬上爬下就不用说了，这种日子过久了要说没有点职业病，都是对工地的不尊重。

就算你很小心，有时风险也会自己找到你。有个造价师居然被工地养的猫开了瓢。那只猫从工棚顶碰掉下来一块鹅蛋大小的碎砖，滚了半天然后正打在洗完澡刚出来的他的头上，打得那是一头的血，足足缝了四针，全工地的人都笑他"哪有人洗澡不戴安全帽的"（这个哏来自电影《黑社会》的钓鱼事件）。

最叫人心不平的就是，很多从211、985大学毕业的学生到了工地也得从基础的打灰、拉线干起，在学校里学了多年的东西用不上。据说干到总工程师和项目经理级别才能用上，但是看当年中专毕业的项目经理也干得好好的，自己学的到底有多少用心里可是真没底。

这种情况不只存在于工地上，工程建设企业很多都有这个问题，即使是设计院这种听起来最有技术要求的地方，绝大多数的工程也都是普通工程。使用先进的制图软件，大量原本需要很多计算的工作都自动完成。不能说知识没用，但是在工地上使用的知识和书上的知识差异太大了，除了考证，书上的东西作用是很有限的。

除去这些，最核心的就是收入少，这一点我经过了反复确认。工地人的收入虽然不能说非常低，但是如果考虑到上面的那些困难，特别是按时薪算的话，那真的是低得离谱。大量新入职的低级技术人员，收入低到说出去都会被认为有卖惨众筹的嫌疑。

正所谓"三千块绝对招不到一个民工，但是绝对能招来一个大学实习生",即使做了正式员工,收入也非常有限。前几年几乎可以说是白干,就算过几年上了级别,收入的增加也很有限,而且级别高了,要忙的事情也增加了不少。特别是对于那些从名牌大学出来的毕业生,和学热门专业的同学一比,那真的是"男怕入错行",以至于在网络上出现了所谓"土木劝退一个,胜造七级浮屠"的笑话。当然了,他们也说"劝人学法千刀万剐,劝人学医天打雷劈",具体我也不太清楚。

以上情况汇集在一起就是,年纪轻的就想着提桶跑路,年纪大的就是"这辈子就这样了",然后表示"家里孩子要是学这个,我一定打断他的腿"。

"工地人"为何如此之惨?

其实据我了解,工地上的苦是一直如此的,多少年来都是这样,各种设施设备不完备,工期紧、任务重。而且据年纪大的人说,这些年随着时代的发展,条件已经比以前好了很多,早年的日子更惨,这些年工地的条件有了显著的变化,而且总体也是一直在改善。

但是工地到底是个临时设施,所处位置又偏,即使是欧美发达国家,施工的地方大多也都非常简陋。说得再直白一点,最主要的问题还是收入,"工资加个零,今天就是累死,就是从这边跳下去,我都不能剩一点工作"。

多年之前,在 21 世纪初,工地人的收入其实并不低。但是

至少在最近的十年里，收入没有什么变化。不但是工地人，包括设计在内的整个产业链都是如此。主要是因为随着国家的发展，整体的社会需求变了，不再是大发展时期大基建时代了。十年前的一个工程项目经理能拿到年薪20万元，收入远超社会平均薪资，能够在城市买车买房，虽说买了住不上几天，但是起码心里还是能平衡的，对自己吃的苦有个交代。那时候做工程的收入，比起金融、IT行业都是不差的，特别是房地产崛起的那个年代，在很长一段时间内，大学土木工程专业的录取分数，几乎是所有专业里最高的。

到了2021年，物价房价改变了多少，收入还是20万元，就没有什么优势可言了，再说还要长期加班，个人生活又缺失。更可怕的是，和别人相比，同样是从一所大学毕业，去了互联网行业的和去了工地工作的，简直是天上地下两个极端。就算是普通的工作，同样学校毕业的，这么多年了，收入比你也少不了多少，但是人家起码还能和家里人在一起，这样一来心里的不平衡和迷茫就加倍袭来了。

而且随着发达地区基建的减少，大量的项目建设地方越来越偏僻，越来越远，想回家也越来越难。如果出国，甚至两三年才能回家一次。**除了收入增长停滞，更要命的是升级难。**

以前在大基建时代，发展真是快得要命，每天无数项目上马，到处都缺专业的技术人员。一个大学生毕业进工地，好好干，大项目一个做下来就能升级一次，小项目做个两次也能升级，让你赶快带队出去独当一面。那时还可以三年做到总工，五年做到项目经理，简称"三总五项"，虽说有点夸张，但是"五年总工七年经理"还是可能的。

这就好像海底捞刚开始时的模式，由于开新店的速度如同下饺子，这时如果一个员工加入得早，做事靠谱，就很容易成为店长，甚至一年就能升职做到店长，而店长的收入能高到年薪几十万元。

而现在，每年建筑土木相关专业毕业的学生，数量基数太大。二十年前，在全国的大学里，只有一百多个学校开设了建筑土木专业，到现在已经扩展到了五六百家，更甚者，还有师范学校开设建筑系，最后也是去工地。大基数数量的大学毕业生一窝蜂地上马，使得大量不管合格不合格的毕业生都进入这一行，搞得最后企业除了大学生好招，其他什么人都不好招。虽然这些年来工程建设技术变化有些大，但具体工作流程却没多少进步，甚至因为高技术手段，致使工地工作的技术含量更低了。再说，大多数的工程，只要看得懂图纸，按照上面的要求按部就班地干，不违反规程，不偷工减料，就不会出什么问题。

如今这一行业，因为早年的快速发展，造成现在严重的僧多粥少的情况，也就是"内卷"严重，以至于工程单位最重要的工作变成找活干和结工程款，只要在这两个领域干得好，基本上就舒服得要死。但是，现在有工程资质的公司太多了，都在想尽办法压低报价，就算压低到不挣钱的地步也要干，不干的话这么多人闲着也要很大的成本，从而导致价格战打得昏天黑地。

不但压价，还要垫资，甲方不拿钱，干活的就需要先掏钱垫着，干完了活再结款。最糟心的是，在结款的时候就没有不扯皮的。据一位小伙伴的说法，每次结工程款都像打仗一样，"喊哑了嗓，拍烂了桌，喝坏了胃和肝，最后还被扣着尾款"。只要是干工程的，没有几个身体是好的，早年在工地累得腰腿膝盖都废了，等当了领导又轮到五脏六腑都喝废的地步了，以至于单位每年体检，几个领导就比谁不正常的项目多，谁少谁就请喝酒。

说到底，这都是因为：**随着二十年的大建设基本完成，国内的各种项目不可避免地在减少；随着二十年的积累，我们基建狂魔属性已经点满。**

我看到过一个招工告示，要招聘土木专业的大学生去非洲工地，而每月的工资居然只有七千元。于是下面就有人留言说，开出这种工资就是在侮辱人，如果有人干了，下次给的会更少，直到让你倒贴钱。这个待遇之低有点惊到我了，而且发出招聘告示的还是一家很有规模的正规公司，开这么低的工资明显是在投石问路，这种做法实在是对全国工地人的挑衅。

我们能做些什么改变现状？

说了这么多，似乎已经让人感觉到没有什么希望了，但是工程建设这个行业是不会消失的，那如何才能够改变如今的情况，往积极的方向转变呢？

不论是我找来询问的人，还是网络上的从业者们，一个相同的观点就是："年轻人都不来干工地，这一行才有希望。" 话虽说有些赌气，但也可以说是现阶段比较好的办法了。我在前文里提到过一件事，德国8000万人口，4000万的劳动力，工人却只有200万人，其他人都去从事服务行业了，所以德国工人的待遇非常好。"物以稀为贵"这个逻辑到哪里都成立。工人太多，可不就会导致互相压低价格吗？

其实改变也在早几年就已经发生了，工程公司招人入职越来越难。 几乎每个从业者都说，新人在入职培训期间要吃得好、住得好，直到被送到工地之前，都觉得自己找对了工作。甚至有的从业者说，到了工地，为了能把新人留下，在前两个月的时间里，项目经理都只是让新人在室内整理查看资料，直到确定新人不能再以应届生的身份参加招聘，才会以"小伙子老是坐着不好，我们到下面去看看，我给你介绍一下现场的情况"为名，带新人去干活。

大学里，土木建筑工程专业的招生也越来越难了，而且招生的分数线已经降了下来。 这说明很多人已经从各处知道了不少工地的实况，这几年的颓势已经不可避免地传导到了社会上。2020年清华大学发布强基计划招生简章之后，有一系列大类专业设置调整，其中最醒目的是土木类专业不在普通批招生，只在提前批和贫困批招生，并且强制规定了提前批不准转专业。把土木放在提前批次，说明学校已经知道难以吸引到学生了。对于这次调整，大家的解读就是清华搞了个"官方劝退"，于是很多工地人对清华大加赞扬，称之为"业界良心"。

这几年工地的条件变好，领导对于新人态度也越来越好，一旦发现其有"提桶思想"，一般都是表示理解，然后先画饼充饥，不行就给放假，再不行就承诺转岗，去轻松的岗位。虽说这都是些空话，但是据说，这是工地人最能感受到自己价值的时刻了。

前二十年，在整个行业内已经积累了大量的骨干人员，这些人在短时间内不会退休，这就保证了以后十几二十年，中国的工程建设实力依然不会有多少下降。所以对年轻人来说，出海算是一条路，只是不好走，但是如果能全面开拓海外市场，起码可以消化一部分积压的生产力，让一些人从严重的内卷里走出来。

工地人一般都自称是"牛马"，说"羡慕996"，虽然有调侃，但很大程度也算是现实写照。 中国速度、基建狂魔，说起来是每个国人的骄傲，而这些骄傲的基础，都是大量在工地工作的人用二十年左右的时间所做出的巨大贡献。然而现在严重的内卷现象，已经影响到了后续的发展。

虽说都在劝人"提桶跑路"，但是大多数人还在想着考证，提高自己。因为大量的沉没成本使得改行并不容易，特别是从985、211这类大学的建筑土木专业毕业的大学生，现在和其他专业的同学比较起来，真的是除了自嘲是"牛马"外，没有别的办法排遣忧思了。

有一个视频最后把我看得破防了，视频 UP 主不小心掉进了两米深的下水道，从脚到头全摔伤了，还弄得一身脏，一边收拾一边自嘲，弹幕上发来一排排的"笑着笑着我就哭了"的评论。

真的希望这个专业毕业的大学生们的境遇能有所改善，按照这个小伙伴的说法："赶工期是免不了的，累也是免不了的，也不指望能严格计算加班费，就希望既然平时已经钉在工地上了，能不能把时间累积一下，集中起来每个人每年能错开时间放三个月假，休息一下陪陪家里人。都说海员辛苦又寂寞，我看他们干一段时间也能休息一段时间的啊。"

可能是觉得这个要求"太高"了，他还解释了一句："其实，如果可以这样的话，大家干活也踏实，晚上加班效率也能高一些。到时候提桶跑路的人也能少一点，天天跑也会耽误进度，细算不一定就亏多少……"

他们行业的事我也不太懂，不过我也觉得，还是要多照顾下工人的感受，哪怕每次稍微改善一点点，时间长了都会有大变化。写本文也是这个目的，希望大家能多了解一些土木工程人的辛苦，如果有关单位能尽量去改善下他们的待遇，那就更好了。

一定要保持乐观。

人有一种奇怪的
自我实现的能力，

你觉得这个世界
是什么样的，

它似乎真的可以修正，
跟你心里的样子越来越像。

乐观带来财富，
悲观带来灰暗。

互联网行业今后不再吃香了吗

互联网行业的风向大变？

上一篇文章，我讲了曾经风光盛极的土木行业是怎样跌落神坛的。这篇文章我们再来聊聊同样风光的互联网行业。

互联网行业和其他行业的差别非常大。其他行业追求的是利润，把工厂搞起来，把工人雇来，大家开工生产，去掉成本，就是利润。**但是互联网行业不一样，它要的并不是利润，它需要的是规模**，所以各家公司都在疯狂地向对方地盘上扩张，而且大家跟养蛊似的，在公司里搞了一大堆各种稀奇古怪的项目，指望着万一某个项目成了，就可以对其他公司形成一波降维打击。

互联网行业跟制造业不一样，制造业的主体其实是机器，人是用来配合机器的，用一些土老板的话说，人和润滑油没啥差别。**但是互联网行业没啥硬件（云服务器和办公地这些在总成本里不算啥），最主要的开支就是不断拉码农。**

在这种情况下，对计算机人才的争夺也进入了白热化。时至今日，其他大部分行业月薪三万元就很牛了，但是在互联网大厂里，雇一个新员工通常都得是这个数。而且很多互联网公司看着赚钱，其实赚到的钱几乎全部投入在雇用更多的计算机人才上，甚至还要拉投资过来给员工发工资。这可能是商业领域非常少见的员工薅了资本家羊毛的情况。

互联网大厂们就跟第一次世界大战中后期的欧洲列强似的，借钱在前线打堑壕战，目的只有一个，等对手的血流尽之后，让对方赔款支付自己这边的天量战争经费。大厂们也是这个逻辑，花了无数的钱，就指望着彻底打翻所有对手占领全部市场后把钱赚回来。**那就需要更多的员工、更多的资源，这种"军备竞赛"导致员工们的工资转着圈地往上涨。**

不过这两年情况明显发生了变化。随着国家对互联网企业的反垄断和经济发展的减缓，互联网行业的整个逻辑都变了。

最明显的一个，大家已经开始放弃那个"垄断梦"，不再寻求垄断。 既然不垄断了，那就没必要在前线跟对手打消耗战，然后发现自己真傻，为啥要雇用这么多程序员？为啥要给程序员这么高工资？

既然不准备扩张，很多"预埋"项目也就没啥必要了，各家公司都在不断地筛选出各种垃圾项目裁掉。 也就是有些项目本来没啥意义，但是产品经理能说会道，不断给公司洗脑，让项目一直维持下去。任总那篇文章里说的"不要讲故事骗公司"，说的就是这事。可能大家觉得匪夷所思，还能这样？

这很正常，一般大厂里大规模招聘，然后年底通过打绩效赶走一批，来回折腾这么一些年，能在大厂干到五六年以上的，大部分都身怀绝技，有的技术超牛，有的能说会道，有的善于管理领导预期。那么，有那么一群通过讲故事骗钱的人，很正常。

但是这两年进入了收缩状态，再怎么能说会道，也扛不住"不赚钱"这个事实，你的项目再牛，不能给公司打粮，就要被削减。 而任总那篇文章里说的"从聚焦扩张转向聚焦现金流"，说的也是这事。公司的项目能否继续运转下去，不再依赖PPT，而是拿赚钱能力说话，用这个尺子一量，一大堆项目立刻现原形了。

接下来就面临着大规模裁员，项目都没了，你待在公司干吗？于是继续评审，把技术能力强的、忽悠能力强的留下，其他的全清理掉。大厂这两年哀鸿遍野，基本就是这么个背景。而且可能还没到最惨的阶段，毕竟谁也没说工资只能涨不能降吧，"把寒气传递给每个人"后，可能接下来就是降薪潮。

关于忽悠能力，可能有小伙伴理解不了，觉得这算啥能力嘛。这事说起来比较复杂，多说两句吧，公司规模一旦突破三千人，你在职场的轨迹就会明显呈现出这样的几个特点：初期看技术，中期看关系，后期看山头。

也就是说，刚加入公司你能不能脱颖而出，主要是技术能力咋样，如果技术能力不行，那你很难挺过前三年。等干个三四年之后，你就应该和某个领导关系不错了，成了他的心腹，他有重要的事都交给你去做，他升职也把你带着，毕竟当了领导之后很快啥也不会了，手底下没几个干活的，基本寸步难行。

干个十来年，如果进入了中层，就有了明确的山头态势，你的人生处境很可能跟一个上边的领导强相关，他牛，能争取到资源和好项目，分给自己手底下的人，手底下的人层层往下分，大家干一年有了收益一起吃肉。上边的领导被边缘化，争取不到好项目，尽是些又烂又没油水的，下边的人跟着倒霉，苦哈哈干一年，最后奖金可能是每人一箱苹果。不过也别太担心，明年可能更差，效益差会导致骨干流失，没了能打硬仗的骨干，就算领导争取到大项目也搞不定，越混越差。

你说：我可不可以换个山头？也不是不行，不过每个领导和自己的"小弟"都是用了很多年才磨合出信任关系，你想加入人家，人家都不要你，就算你过去了，你也是个外人，或者边缘人，平时活让你干，小圈子开会却不叫你，到了年底，人家嫡系把肉分完，给你根骨头。大概就是这么个运转方式。

所以说，在大公司里，很多时候你加入了某个部门，跟了某个领导，可能未来已经差不多了。那些尖刀部门有大领导照顾，资源多、项目好，容易立功，每年成立几个新项目，每次新项目上马，一些老员工就会变成小领导，也就打破了熬资历爬天梯的这个困局。

刚加入的时候不明显，过几年就会跟其他边缘部门的人差距非常大。可能正因如此，很多大厂招聘的时候已经不跟你说自己是哪个部门，毕竟万一你知道自己要去倒霉部门直接跑了怎么办？等你报到了，有了沉没成本，一般就不会跑了。

而且软件行业出现了"倒挂"这个问题，也就是新来的竟然比老员工收入高，这在大部分行业都比较少见，主要也是因为每年招聘的时候，大厂面对的是少量的大学计算机相关专业毕业生，每年市场价都在飙升，可不就倒挂了。

说这么多，其实就是想说，**随着传统互联网停止扩张，随后市场对计算机人才的需求也会大幅降低，边际需求决定价格，市场人力资源充足的时候，自然要不上价。**

互联网行业也会变得不再吃香吗？

互联网行业会"土木化"吗？显然不会。

土木是有边界的，比如你不可能修十条京沪高铁，也不可能每隔十年把城市拆掉重新建一遍，到了一定时候自然就放缓了。

我之前讲过这个事，大部分国家都有一个二三十年的集中建设期，美国、德国，甚至日本、韩国，都曾经大搞基建，但是这个时间段一过，立刻就歇菜了。因为竞争越来越激烈，盈利的项目越来越少，而且项目地点越来越偏远，各国的施工队都出现了急剧的老龄化和低效化。我之前为了写那篇土木相关的文章，周末专门去工地上看了下，果然工人们年龄都偏大，很多已经六十多岁了。而且随着操作流程越来越规范，必然会牺牲一点效率。

但是互联网行业没这个问题，这个行业本来就是每隔一些年重修一次京沪高铁，比如大家手机里的那些App，看着好像变化不大，但是每隔四五年基本都会完全重写一遍适应新需求。而且它不像土木工程，几乎没有实体，理论上讲扩展空间是无限的，而且在软件行业里，有句话说得越来越多，"软件吞噬世界"，咱们现在生活里的一切，可能都会被软件改变得面目全非。

最明显的一个是，现在绝大部分工厂还在使用人力，我之前问过一个老板，有没有考虑过搞自动化工厂，或者完全机器人化。他说暂时不行，因为只有那些长期生产的东西变化不大的企业才能上机器人，比如汽车和电脑。他们这些企业经常根据客户订单变来变去，这时候机器人就太笨了，跟人没法比，工人们培训几天就可以，但如果是机械臂的话，需要重新编程、调试，根本赶不上进度。

不过他也有种预感，这种事几乎不可避免，迟早要全部换上机械臂，工人们伺候机械臂就行了，到时候就用不着多少工人了，可以省不少钱，只要能省钱，可能就会有人去做。

其他领域也是一样的，汽车、家居、娱乐，都需要大规模软件和硬件改造，改造完了又会发现新需求，继续改造。想想这一百年里生活变化有多大，可是美国现在很多公路依旧是1929年修的。**可以说，软件才是真正的星辰大海。**这也意味着，软件行业以前是为了卖广告而生，今后慢慢会跟各种实体结合起来，越来越智能。比如，这些年就有很多码农跑去新能源车行业，做车机相关编码。

也就是说，在接下来的很多年里，互联网行业可能不再像前两年那样收入高得离谱，但是会持续不断产生天量的工作岗位。用凯文·凯利的话说，软件这东西，你用得越多，你就需要得越多。

而且还有个问题，在其他行业里，人才分层不像软件领域这么严重。啥意思呢？你在工地上很难一个人做十个人的活，但是在计算机和其他科学领域，经过深入的训练和历练，这个上限可能会拉到一个人顶一千人。这事可能让人有点畏惧，不过大家想想，大部分行业里，每个人的上升空间是很小的，你加入一个上限很高的行业，是不是相对非常有盼头？

至于怎么才能成高手，这个主要靠自己，也靠际遇，读书的时候是不是认认真真地学习，并且把自己的动手能力拉到了应该达到的高度。这一点可能大家觉得困惑，难道有人不认真？当然啊，我前些年作为技术主管一直去大学招聘，一开始做第一轮面试官，后来升职了，就做二轮和三轮面试官，我就发现，哪怕在很多985、211院校，虽然毕业生也都读了四年计算机专业，但有些连基础的编程能力都没有。不要觉得匪夷所思，这就是现实，现实就是你稍微用点心，就能超过大部分人。

大部分人也不是完全不用心，可能是今天在这里忙会儿，明天去别的地方忙会儿，狗熊掰棒子，啥也做不成。

这也跟咱们直觉错误有关，咱们一般以为的成长是这样的：

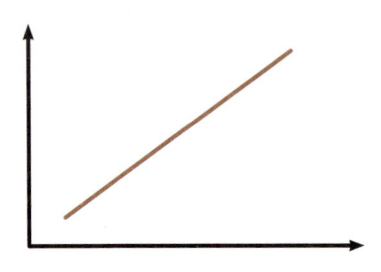

坚持一段时间发现没效果就放弃了。其实，**几乎所有的成长都是非线性爆发式的，也就是前期默默无闻，突然间就来个指数级大爆发**：

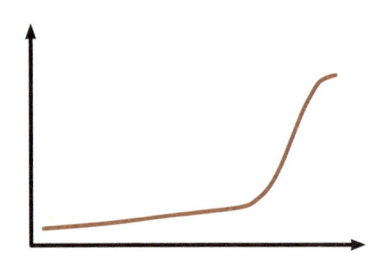

大部分人在学校没人逼着，熬不到爆发就放弃了，等到工作后被逼着反而有了突破，不过跟别人相比慢了一拍。事实上，这类人可能在所有事上都慢一拍，因为没人看着的时候，总也坚持不到那个转折点。

等到工作的时候，得敢于担责去挑战，而且要学会多笑，软件行业最重要的能力是合作。

人很多时候都是"一步错，步步错"。大学时基础不扎实，编程能力很差，开始工作后非常受挫。然后公司提拔了别人不提你，你心态不好成长慢，错失加入重点项目的机会，越来越边缘化。

当然了，最关键的一点，你做这个有没有愉悦感。**很多时候，我们说"天赋"，其实可能就是那种愉悦感，有些人做某件事，虽然并不比别人聪明，但是做起来就是非常开心，这类人就算没天赋也能达到很高的水平。** 如果他聪明，干起来又感觉很爽，那就是开挂的人生。大厂的高级别技术骨干都是这类人。反过来讲，如果上班如上坟，好吧，承认了吧，咱就一普通人，继续混着吧，不然还能咋的？至于将来是一直走技术路线，还是走管理的"山头路线"，那都是后话了，到了那个时候自然就懂了。

很多小伙伴可能会纠结三十五岁问题，这个问题不是技术问题，也不是行业问题，而是社会问题。除了公务员这种只进不出的行业，其他只要涉及竞争上岗，叠加我国过分充沛的人力资源，自然就会出现"后浪拍前浪"的事，不过关键还是调低预期，人各有命吧，也没必要太强求。

文末再总结一下。**前几年的高薪时代已经结束了，今后也会有高薪，但是不会像前些年那么狂飙。接下来是一个更加广阔的天地，想象力有多大，软件的世界就有多大。** 如果要做这一行，就要每一步都扎扎实实。这个行业依旧是向上的，但是不代表里边每个人都能过得很好，事实上这个行业里严格遵守"二八定律"。在过去，在未来，互联网都是对穷人最友好的专业。

普通人做自媒体能赚到钱吗

最近公众号收到一个读者留言，说是工作实在不好找，觉得去做自媒体可能会不错，想问问自媒体从业者的情况，以及需不需要参加自媒体培训之类的课程等事项。

尤其是，这位读者看我在一篇文章里提到过，文艺青年创业三件宝：花店、咖啡店、奶茶店；**没背景的青年赛博创业也有三件宝：滴滴、外卖、自媒体。**于是这位小伙伴觉得，今年就业太难，做自媒体或许是个好选择。那么我就跟大家聊聊自媒体创业的相关内容吧，先给大家讲两个真实的故事。

"出走"是不是一个靠谱的出路？

第一个故事的主角是小王。小王是一个很有灵性的人，通过给一个影响力很大的自媒体工作室投稿，被工作室的主编看上了。主编觉得他很有灵性，于是手把手教他怎么写自媒体稿件、怎么布局文章结构。小王本来思维就很活跃，经过提点进步更是神速，慢慢地开始能独当一面了，跟工作室的几个人一起干得很开心。

但是后来他知道了一些事情,慢慢地就开心不起来了:小王发现辛苦写一篇文章发出去,自己所得到的收入只占到整篇文章总收入的15%。也就是说,假如一篇文章最后给工作室赚了100元的净利润,那么他只能分得15元。刚开始还好,时间长了他的心态崩溃了,觉得自己怎么都应该拿到一半吧,资本家也太过分了。

后来通过跟领导沟通,一篇文章的收入涨到了20%,再后来觉得太屈才就离开了。这个时候,小王认为无论是创业自己干,还是去别的工作室,都应该比在这里强,关键是他觉得自己已经掌握了全部的技能。

然后呢?然后小王就离开工作室出走了,不过接下来的事情却跟他预想的不太一样。各种尝试他都做了,自己开过号,也给别人投过稿,结果却是自己的号根本做不起来,文章的阅读浏览量寥寥无几,自然也就做不大。给别人投稿,发现给的稿费还不如老东家的抽成。

一开始小王觉得万事开头难,坚持坚持就会有所好转,后来慢慢地就坚持不下去了,想回到原来的工作室去。正好赶上新年之际,原来工作室的主编给小王发送新年问候消息,小王便向主编表明了很怀念以前的工作氛围,于是主编回信息说有空出来一起吃个饭,如此这般一来二去,小王便又回到了原来的工作室。

后来有一次跟领导喝酒,小王喝了几杯后开始口无遮拦,言谈之中便询问了领导,说自己出走又回来,领导好像完全不在意这件事。领导听完后和其他几个同事哈哈大笑,说他们几个都是跑了然后又回来的,因为每篇文章15%的抽成看着很低,不过在业内已经算是高的了。

第二个故事的主角是小张。小张是中国人民大学的高才生,毕业后进入了某一线城市电视台。小张是个被公认为有才华的人,可是领导却对他有意见,不仅嫌他锋芒毕露,而且嫌他写出来的东西太过偏激,总之是对小张一百个看不上,小张写的文章经常被毙,就算不被毙,也被改得乱七八糟,基本没法看。

后来小张干脆自己开了个自媒体账号,写了五六年,慢慢地自媒体的收入超过了工资的收入(工资实在是太低了),再加上小张觉得传统媒体基本上已经没有优势了,又不想再受领导那份气,于是果断出走。

虽然现在小张也没有赚到大钱,但是心态好了太多。毕竟他比较有优势的能力就是码字,既然在哪儿都是卖文为生,现在他单飞就不用再受单位的闲气,不仅有写作自主权,想写啥就写啥,还能养活自己,所以小张对自己的现状无比满意。唯一的担忧就是没有特别的保障,时有饥一顿饱一顿的现象。**不过他现在也想明白了,之前在单位的工作内容也被互联网冲击得七零八落,将来弄不好还会被裁员,待在那里,那种稳定感本来就是**

幻觉，还不如出来单干，直面这种不确定性。

我讲的这两个故事，第一个是不鼓励出走，第二个是鼓励出走，相对的矛盾感看似是我有病，竟然把相反的东西放在一起。但是你仔细分析一下两个故事背后的不同之处，就可以根据自己的情况来综合考虑下自己是否适合单干。

小王单飞的本质是觉得领导给自己的钱少了，直到后来他才明白，他能拿到那份收入的占比，并不是因为自己的文章值钱，而是那个工作室的声望高、影响力大，借助于工作室的平台，像他这种素人的文章才能拿出去变现，价值多少则是完全随缘。这一点在大厂上班的人可能会有更明显、更深刻的体会，很多人到了三四十岁的年纪，就会发现自己离开了大厂啥都不会做。

而品牌建设则是个漫长的过程，小王的主编也是通过漫长的时间积累，才逐步积攒起那么多信任自己的粉丝，才能保障阅读浏览曝光量的稳定，如此才有了固定的收入来源，这些都是他用了很多年才积累下来的成就。

而小张的本质则是正在走主编当年走过的路子，同样也需要一点一点地来积累工作资历。他和小王相比，最大的差异之处是他在电视台赚得的收入太少了，离开电视台的体系之后，收入只要稍微增加一点，就很满意了。

咱们再进一步来讲，现在大家看到的那些公司化模式运转的超级大号，尤其是汽车、美妆等行业类别的大号，其收入可能高达普通人收入的几十倍甚至是上百倍，是因为其能力比普通人强那么几十上百倍吗？当然不是了，**只是相对在其能力的基础上，塑造出来了一定的声望，然后就可以依靠这些声望，源源不断地持续赚钱。**

与此同时，有太多人能力是很强的，聊起美妆来头头是道，说起汽车也停不下来，在知识层面可能并不比那些年入千万的大博主差，但是在现实生活里却一毛钱都赚不到。这就不是所谓能力的问题了，这单纯就是个实践和运气的问题，这些人并没有机遇把能力通过时间置换成声望，那可不就跟赚钱没什么关系了。

全职从事新媒体行业要具备什么条件？

所以我想对那些有这方面能力的人说，如果想单独从事自媒体工作，根本不用花钱花时间去参加什么新媒体课程培训，想写文章直接写就可以了，或者想做新媒体视频直接去剪辑就可以了。 就跟学习划船或者游泳似的，先下水，在水中再不断地慢慢调整并前进。几乎所有的大号都是从零开始做出来的，并没有什么可以教授你的。所有的技巧都是明摆着的，只要能一直写，偶尔有爆款文章出来，慢慢地就会积累到一定数量的粉丝。不过需要注意的一点是，自媒体能不能做起来，跟个人的能力并不是强相关，主要挂钩的是运气，所以尽量不要全职去从事新媒体行业。

目前出现在大家视野里的几乎所有的大号，都是这么过来的，经历了漫长的积累过程。这个时间非常长，有的可能坚持写了十来年，然后在后面的两三年里迅速火起来了。

那有没有什么捷径，可以出道即巅峰一飞冲天呢？也有。比如在抖音上，大家经常看到某某某神奇的博主横空出世，这种就是在大的网络运营公司重金投入买流量的运营模式下诞生的奇迹博主，属于游戏里的人民币玩家，相当于在新手村里就买了一套顶级满配屠神装备，那可不就是能开挂到飞起？

这些账号狂买流量，让你只要点开抖音 App 就躲不过平台的推送，同时还同步找一堆其他平台的大号造势，让你就算不看抖音，只要打开朋友圈，也到处都是关于这些账号的文章，让你被沉浸式地包围，忍不住想去了解下。毕竟，如果你想骂他，也得先去看看他说了什么再骂不是？

但是，由于这些账号运营的推广费用太高，所以往往急需套现，赶紧赚回投入的成本，不然被后浪拍在沙滩上就不好了。因此这类博主往往吃相都很难看，基本情况是套完现人就消失了似的。**不过话说回来，赚钱这件事，只要不偷不抢不坑蒙拐骗，吃相难看点也并不寒碜。**

咱们所看到的这种现象级的博主们，基本都是这种模式运营出来的，这就是人民币的驱动力量。不过普通人肯定没有办法这么去玩，如果能有那么多的钱投入运营，说不定就已经平庸地选择躺着了，还做什么自媒体大号！普通人做自媒体账号运营，只能是慢慢地熬着，抱着试一试的心态去碰碰运气。

可能有的人会觉得现在的新媒体行业都已经是一片红海了，自己再进去会有希望吗？讲真的，啥时候进去都没什么希望，不出意外的话，在接下来的很多年里，所有的行业都是一片红海的状态，走到哪儿都是满满的人。**不过如果要说自媒体从业有什么好的地方，那就是人的精神需求是无限的，你只要找到一个非常非常小的细节，细分化优质创作就可以了。**首先要找到自己的兴趣点，然后再慢慢深挖，慢慢投入时间、精力，至于能不能做大，长期优质的内容输出能力，以及爆棚的运气占据了绝大部分的因素。

著名投资人纳瓦尔曾说，代码和媒体就是不需要许可就能使用的杠杆。比如你在苹果商店或者 Steam 上架了一个 App 软件或游戏，那今后这个 App 软件或游戏就可以给你赚钱了。新媒体也一样，你写出来的东西极有可能今后在你睡着的时候也有人在看。**纳瓦尔还说过，这两个杠杆就是新富背后的杠杆。**

这些年我也目睹了几个博主从零做起的新媒体发展历程。比如，一位考公上岸后的公务员利用业余时间做了一个专门写公务员那些事的新媒体账号；还有人在工地上拍自己的"牛马"生活，做成短视频分享给大家；除此之外还有货车司机、旅行社导游、汽车销售人员等，拍摄并分享自己的行业视频发布在短视频平台。反正就是一直坚持在做，从而逐步扩大影响力走进大众的视野，最后总有那么几个人能熬出头的。

更关键的是，写作本身对大脑就是一种训练和整理的过程。

不知道大家有没有那种感受，就是自己脑子里想得好好的，但是下笔却完全写不出来，能写出来的内容基本也不能看，这其实就是大脑逻辑混乱。解决这个问题也没啥好办法，只能是经常写，并且是一边写一边反思，写的时间长了总会有点进步。

需要注意的一件事情是，这类事最好不要全职去做，如果说工作的类型当中有两个极端，其中一个是公务员这种极度稳定的群体，那么另一个极端就是自媒体行业从业者的那种完全的随机和不稳定性。 这也是我坚持不辞职的原因，从一开始就抱着尝试着玩的心态，所以现在也很轻松。

我认识的另一个自媒体博主，以前业余写文章的时候心态还是很好的，后来受够了职场的规则，辞职去做了专职写作的写手，随之而来的却是心态越来越崩溃，被刁钻的读者搞得精疲力竭。这个情况就是越想讨好读者，读者却越不买账，最后他整个人被消耗得撑不住了。像我这种有正经工作的人就无所谓，不想写就停更了。比如我之前的微博账号，一直都是转赞评论最高的几个微博账号之一，后来不想写也就丢弃了。只有业余写作者才能这么豁达。**大家如果想做自媒体，一定要先把心态调整好，做好长期输出的准备，不要在意一时一城一池的得失。**其实不管干什么，也都跟这差不多。

所以说，如果大学生毕业就想做这个，如果是业余去做，那没什么问题，但如果是专职去做，除非你对自己的生活预期非常低,而且心态超级好,否则还是别尝试了,因为大概率会崩溃。

此外,**如果不参加正经工作,没有脚踏实地参与过正经项目的整个生命周期,没有顶着巨大压力完成过什么事情,没有爬过职场的天梯,那么很多社会问题可能你根本理解不了,写出来的东西自然也就太肤浅。**很多问题的思考模式也可能是自己的一厢情愿,有点生活经验的人一看就会觉得太搞笑。毕竟没有挨过社会的毒打,很难体会到这个社会是怎么运转的。所以最好还是先找个地方上班,哪怕是去工厂拧螺丝呢,也能增加点人生经验。

怎样才能赚到钱?

下面我想多说几句关于赚钱的话。**在未来如果想赚钱,基本需要具备三个条件:**

过人的才智;

可怕的运气;

去做那些可以伺候人的事。

如果你脑子灵活好使,自然不用多说。我们现在所处的这个时代,基本不存在怀才不遇一说,除非你拥有的那个"才"本身也没有什么价值。我这些年碰到过好几个极度自闭的天才,都活得很好,几乎不存在以前那种"造原子弹的还不如卖茶叶蛋的"情况出现,因为在市场定价的情况下,聪明的脑袋属于极度稀缺资源,很难混不好。

此外，运气这种因素被严重低估了。在我们的社会里，大部分有钱人基本是特别擅长某件你不一定看得上的事情，并且敢于冒险，然后再加上运气特别好，一路开挂似的就上去了。对于普通人正常按部就班的生活来说，运气这种因素影响不大，但是如果想大富大贵，运气可能就要占到 80% 以上，甚至更高。

另外我个人的感受是，**冒险精神比智商重要得多，真正混得好的人，往往不是最聪明的，而是敢于冒险去干的人，这些人对风险和压力的承受能力也比普通人强太多**。冒险是个迭代过程，一条路走不通再试一条，说不定就能碰上走得通的路。在走的过程中也不断地在搜集和整理信息，并且在不断调整方向，可能过一些年就到达了目的地。这就有点像古代出门远行的人，经常需要一边走一边打听，脑子再好使也没办法替代沿途打听这事。智商再高，坐在原地一直想，不往前迈步，可能也就一直停留在原地了。

其实很多事情之所以能做成，是因为相关知识和信息都是在实际操作过程中才获得的，所以必须先行动才行，这也是冒险和行动同等重要的原因，因为这就是前置条件。 剩下的，就是慢慢熬时间，但是行业得选好，底线就是行业不能倒退。记得我在别的文章里说过，我的一个做教培的朋友很担心人口下降，因为这就意味着他所在的行业从长期看是不断萎缩的。然而到了 2021 年，整个行业因为教育的整改大受影响，他跟我说看来以前想的还是不够深刻。

说到这里，我还想苦口婆心地说一些话。现在有些人把所有不能生产芯片的行业都贬得一文不值，在现实生活当中，普通人（也就是那些没有大量资金支持的人）想赚点钱让自己的日子好过一些，基本都是在从事服务行业。也就是在伺候和取悦别人的行业里，甚至我们码农，看着好像是在做研发，其实做的事情几乎也都是为了促进消费。这些行业的规模和潜力都是近乎无限的，就看怎么去挖掘了。至于技术攻关什么的，虽然看着无比高大上，但是跟大部分人都没有什么关系。

因为工作的关系，我这些年见过不少顶级技术大佬，他们共同的特点就是聪明到了令人发指的地步。有小聪明的人，你不太能看出来，但是特别聪明的人，就会非常显眼。

之前在某乎上有个问题，问："有没有人不怎么费劲，高考就能考高分？"我的感受是，如果你高考考六百多分都觉得吃力，或者说考个985都吃力，那么你在科研的道路上几乎不会有什么出头之日。这一点大家可以找相关的大佬确认，看看和我说的是否一样。

高考的那个难度是高于普通人的难度，但是如果一个人将来要带领着行业有所突破创新，高考那点难度在其眼里就是最初级的难度。高考阶段，人的智力基本已经稳定了，不会出现上了大学突然又爆发的情况。当然了，我自己也不是这类人，高考并不轻松，在考入大学和工作后，发现这类人非常多。所以，大家要分得清宏大叙事和个人奋斗的区别在哪里，不要随便用宏大叙事去指导个人的生活。

工厂是拼普通人人力成本的地方，硬科学领域是拼顶级头脑的地方，如果高考理科没有轻松拿下接近满分的成绩，那么这些硬科学领域的地方都跟你没啥关系。在法律范围内，做自己擅长并且能赚到钱的事情，让自己和家人过得好一些，就属于好公民了，如果能再多纳点税款，那就是妥妥的爱国青年了。

文末我想再总结一句话送给各位：**业余做自媒体账号，绝对是这个世界上最好的几件事情之一，很少有什么事情既可以不断地提升自我，又可以给生活增加一部分可能性，这属于极低成本的冒险事件。**不过要是想全职从事，我劝你先别冲动。最关键的是，决定要去做什么事情，都要以年为衡量单位，不然大概率不会出什么效果。世界上没有快速致富的捷径和教程，如果有，那只能是帮助卖教程的人快速致富。

CHAPTER 2

抗风险：守好基本盘，才是应对变化的底气

房产税和房价有哪些关系

不少读者让我多讲讲与房产税相关的问题，这篇文章就来说说看。

首套房会不会免征房产税？

首先来解答这个问题：一般不会。假如我有两套房，一套是价值两千万元的豪宅，一套是在天通苑价值三四百万元的普通住宅，那到时候哪套应该免征房产税呢？更极端的，假如我在北京有套别墅，在鹤岗还有一套，那又应该是哪套免征房产税呢？这种税收成本高得没有边际了。所以最好的办法就是全面开征，然后再把你家的房产情况录入系统（需要政府发相应凭证），用计算机特定系统公式给你算出"退税"金额，直接打到你家账户上。

上海已经征收了十年的房产税，大概征收逻辑如下：

首套房免征房产税，且不管房屋实际建筑面积的大小。

从第二套房开始征收房产税，但会根据家庭人均住房面积来

计算。 这就有两种情况：人均住房面积不超过 60 平方米，则免征房产税；人均住房面积超过 60 平方米，则对超出的住房面积征收房产税。

上海现在一年能征收到 200 多亿元的房产税金，但是在财政收入上占比还是非常低。其他地方有没有可能学习上海的逻辑征收房产税？首先要说一下，**征收房产税有三个目的：一是增加财政收入，二是调整收入结构，三是抑制房价上涨。**

如果其他地方学习上海房产税的征收逻辑，由于其他地方的房价与上海的房价相比本身就相差了一大截，很有可能征收不到多少额度的税款，对于地方财政无疑也是杯水车薪，所以这些地方大概率不会那么做。

所以不管是房产税，还是房地产税，第一要做的，就是扩大财政收入，而且收入的金额范围得跟之前卖地的收入范围接近才行。如果跟上海的模式似的，每个人都免征 60 平方米的房产税，最后就收不上来什么钱。

开征房产税后房租就会涨？

先说结论，除了一线和极少数强二线城市，其他地方的租金根本涨不动。 很多人以为房租是房东想涨就涨的，其实想多了。我在北京当过几年租客，现在自己也有套房子在出租，可以很负责地说，即便是在强一线城市的北京，也有不少地方的房租依然根本涨不动，附近的租客没钱，怎么涨？

二、三线城市也是这样的问题,供过于求,房子租不上价。这也是经济学里的基本常识,价格是由需求方决定的,不是由供给方决定的。这就有点像虽然中国今年的生产成本大幅增加,但是卖到海外的消费品价格没怎么变一样。如果成本可以随便向消费者转嫁,那地球上就没有亏本的买卖了。

所以,今后的趋势是分化进一步加重,二、三线城市的租金上不去,伴随着持有成本增加,房价确实可能会下降,但是一线城市热门地区的房价和房租可能会一起涨。

开征房产税后房价就会下跌?

其实这在其他国家已有先例,有些人在开征房产税后,往往会负担不了。在北京这种人有很多,虽然住着几百上千万元的房子,但每个月的收入可能并不高,尤其是很多老年人,住的房子很贵,收入却很微薄。这类人供不起房产税,最后可能会选择出售名下比较贵的房子,而选择去生活成本低的区域居住生活。

这就会经历一段时间的调整,随后慢慢形成新的平衡。接下来的事比较让人大跌眼镜,那些开征房产税的国家最常见的一个情况是,房产税税率越高的区域,房价就越高,涨幅也越大。

可能大家理解不了为什么会发生这种事情,其实多简单啊,某个地方为什么房价高?往往是因为那个地方有商场,有学校,有医院,房子新。政府开征房产税后,大家都会搬离这种位置好的区域吗？可能你工资低，开征房产税后供不起就搬离了，但是很快也会有别的供得起的人填充进来。好资源永远是稀缺的，永远都是供给不足的，所以只要经济持续发展，有钱人越来越有钱，这种区域的房价就会持续上涨。

反过来讲，大部分人所在的普通居住区域，因为大家的现金流都不足，支撑不了高房价，房价会下跌一些，所以房价慢慢地会跟收入挂钩。 现在中国的房价收入比，在全世界范围内也算是高的，开征房产税后，这个比例应该能降下来一些。

美国的情况更过分。美国境内每个地方的房产税税率还不太一样，从1%到3%，整体情况是房产税越高的区域，条件越好，其房价也就越高，因为富人永远有钱追逐好资源。

从大层面来看，几十年来美国的房价整体是上涨的，但是主要集中在东、西两海岸区域，如果去掉两海岸区域，中部区域则是在缓慢下跌的。现在全世界都有一个明显的情况出现，房价越贵的地方抗跌能力越强，征收巨额房产税后依旧抗跌；房价越便宜的地方，房产税不高，但房价也涨不上去。

其他国家开征房产税后，整体也是遵循这个规律。这样做的坏处很明显，因为大家会按照各自的收入分布在各个区域，会出现明确的富人区域。不过好处也很明显，权利和义务对等起来了，你住在高档社区，那你就得多交税金回馈社会。你钱少，那也可以住在便宜社区，房价和房租都不高，政府有钱还可以给你提供一些生活保障。钱少住得还好的情况，基本只存在于袖珍型的发达国家。

强悍的人对未来
都是乐观判断，

但当下永远
都按危机时期来打理。

控制现金流，
准备过冬粮，
小心谨慎走好每一步。

汇率、美债，对我们的生意和生活有哪些影响

汇率是如何搅动国际金融的？

先讨论第一个问题，汇率是怎么形成的？

这个问题既复杂又简单。一般来说，汇率是劳动生产率的体现。但是这个说法太难理解了，所以大家可以把汇率理解为"被需要"，也就是谁的货币被别人需要，它的汇率就高，反过来讲汇率就低。

一个国家能生产别的国家生产不了的东西，而且这些东西都是别人需要的，那么其货币必然抢手，大家都想用自己手里的货币换这个国家的货币，那其货币的汇率自然低不了。反过来，一个国家只能种地，产出一些谁都能生产的农产品，别人自然没有道理大量持有这个国家的货币，那其货币汇率就高不了。

现实里的汇率主要是一个交易价。举例来说，中国需要美元来购买石油、芯片、铁矿，那就得用人民币去银行换美元。正好别的国家也需要人民币购买咱们的东西，那就需要拿着美元

去银行换人民币，这样来回一交易，就跟鸡蛋价格似的，形成了一个交易价格，也就是汇率。

如果某国生产的东西非常好，大家都需要，那这个国家的货币自然会比较抢手，汇率就会上升。反过来讲，一个国家资源贫乏，社会动乱，大家既不买他们的东西，也不去他们那里旅游，几乎没人需要他们的货币，比如阿富汗，汇率自然不可能高。

还有一些小国，货币可有可无，有的小国可能干脆连自己的货币都没有，直接用美元。比如，疫情前我去了一趟帕劳，那地方就是直接用美元，没有自己的货币。我国香港地区的货币虽然不是美元，不过类似于美元的代金券。港币上印着"凭票即付"，说的就是这张纸币其实就是美元的代金券，可以随时换成美元。

懂了这个，就懂了美国货币为啥那么坚挺。因为一方面，全世界需要买美国的产品，还需要美元买一些阿拉伯国家的产品（如石油）；另一方面，有钱人都要存点美元来避险。尽管美元没少印，但是跟其他货币比起来，依旧非常好用，主要是流通性好，全世界都认，既可以随时花出去，也可以随时换成美债来投资，美债又可以随时换成美元到处花。

其他货币基本没办法同时满足这些特点，有的不能自由流动，有的没有巨大的投资市场，不过绝大部分货币的问题是全世界其他国家的富人根本不认，也就是说你拿着这些货币没办法随时随地花。

　　了解了上面这些，也就懂了我国改革开放以来汇率为什么一路走高，因为我们生产的东西越来越多、越来越好，外界对我们的货币需求量也就越来越多，"被需要的东西"肯定是一直升值的。当然了，这只是个极度简化的模型，影响汇率的因素有很多。现实中可能生产力在发展，导致汇率上升；货币也在不断增加发行，多了就不值钱了，又可能导致汇率下跌。**不过整体而言，对一国汇率影响最大的还是生产力。**虽然我国货币没少增发，但是我国生产力提升更明显，导致人民币汇率一路走高。

美元加息究竟有何影响？

　　美元这两年为了应付高通胀，一直在加息。美元加息之后，你把钱存在美国，利息会比本国高，所以很多人想把自己手里的钱换成美元，把钱存到美国去。

　　美元到了美国之后去哪儿了？有的美元本来就是从美国银行里贷款贷出来的，现在还回去了，那些钱本来也是凭空创造出来的"信用"，回到银行之后就消失了。还有一部分美元被当成存款存在美国的银行里吃利息，还有一部分去买美国国债了。至于网上说的，这些美元回到美国之后用于投资美国经济，是几乎不可能的，原因接下来会说。

　　这也就解释了为啥全世界的货币都在对美元贬值，因为全世界的有钱人都把自己本国的货币换成美元去美国吃利息了。大家都在抢美元，抛本国货币，谁增值谁贬值也就一目了然了。

截至 2022 年 9 月，美国 10 年期国债收益率已经达到了 4%。普通人对这个数字没什么感觉，因为如果把自己的 10 万块钱存里边，一年也就 4000 块利息，并不能在真正意义上改善自己的生活。可是对于拥有大量资金的有钱人来说，这个利率就高得吓人了，他们平时买这么高利率的理财产品都需要冒着赔掉本金的风险，但是存美国银行或者买美债基本上是无风险的。

这里有个很关键的问题，一般来讲，发展中国家的利息要比发达国家高得多，因为发展中国家的银行存款有风险，现在最发达国家的利息都比发展中国家的高了，那大量的钱可不就涌向美国了？

具体来讲，比如我是个做外贸的，赚了 100 万美元，把其中 50 万美元换成人民币给工人发了工资，剩下的 50 万美元换成人民币，或投资，或消费，或者干脆存在银行。如今美元加息，我就把这 50 万美元转到美国的银行里吃利息了。也就是说，这些钱还是我这个中国老板的，并没有归美国政府。但是，如果我拿着这些钱入了美国籍，这些钱就确实成了美国资产。但是，其他地区因为抽走大量的货币，可能会导致股市、房市一起下跌，大家也已经看到了，这两年我国的股市和房市情况都不大好。

那美国以外的国家有啥办法遏制这种势头？

很简单——加息。美元利率是4%，你给到8%，有钱人自然就不走了。当然也不一定，利息的本质是资金的时间成本和风险的折现。风险折现这事不太好理解，其实想想高利贷就知道了，利息那么高，因为贷高利贷的人普遍素质不太高，需要防着他们不还钱。阿富汗、叙利亚这些国家的利息再高，敢去投资的人也不会太多，因为风险太高了，把利息给对冲没了。

可是到这里就出现了一个大问题。大家应该知道，现代企业都是负债运营的，你老板给你发的工资，基本不可能是公司的自有资金，而是从银行贷的款，甚至进货、买机器可能都得靠贷款。银行加息，你们公司平白无故多出来一笔开支，说不定就会导致公司维持不下去。所以每次大规模加息，都会倒掉一堆公司，这也是为啥各国一般能不加息就不加息。

其他地区的情况更麻烦，无论是房企，还是购房的老百姓，都需要大量的贷款。如果国家为了防止外汇出逃，把利率拉高了，房企可能倒闭得更快。老百姓也因为贷款利率太高，干脆不买房了，从而进一步影响房地产。所以不但没法加息，可能还得降息，这也导致外汇进一步流出，汇率进一步下跌。

这也是江湖上一直流传的那句话的由来：到底是保房市还是保汇率。**因为保汇率，那就得拉高利率，房价会波动。要保房价，那就得降息，可能会导致外汇进一步流出，汇率进一步下跌。**

所以美元加息的时候，很多国家都会出现一个困局：你不跟着加，你们国家的外汇一直在哗哗往外流，老百姓多年搞出口赚到的钱就这样白白地损失了，汇率也会一直跌；如果你跟着加，你们国内的企业压力会剧增，每次加息都会倒闭一堆，还可能带崩房地产。

说到这里，大家心里肯定有个疑问，美国人自己加息不会把自己的公司都搞黄了吗？当然会！加息带来的货币成本上升是无差别的屠杀，第一波受影响的就是美国自己。这也是为啥美元加息这事在美国也风声鹤唳，往往一加息，美股顿时血流成河。

现在美元加息已经很激进了，但远远不是最激进的。20世纪80年代，为了解决高通胀，当时的美联储主席保罗·沃克一口气加息加到了19.1%，跟现在俄罗斯的战时利率似的，美国企业跟深秋蚂蚱一样成批倒下。沃克自己也好几次受到人身威胁。当然，保罗·沃克的决断力成了一个永远的传奇，被认为拯救了美国。后来刺破日本房地产泡沫的"平城鬼才"三重野康也是很快就把利率拉了上去，然后日本房地产泡沫就破了。很多人说三重野康为啥这么冲动？因为他就是在学保罗·沃克。从这里也能看出来，急剧拉高利率会导致房地产崩盘。不过美国有技术革命，日本没有，所以同样的手段，日本低迷到现在，美国随后搭着计算机和互联网革命的快车继续狂飙。

不过现在的美联储如果要加息，一般会提前放出风来，让大家做好心理准备。比如，你正在纠结要不要贷一大笔款，现在知道了美联储还要加息，可能就不贷了，说不定将来能避免你倒闭破产。自从进入加息周期以来，美国的公司也跟割麦子似的被割掉，那些没死的公司也大多面临经营困难的处境。不仅如此，美国股市也是美国贷款支撑的，现在加息缩表，贷款变得又少又贵，而且国债的利率很高，投资人都不投资美股了，跑去投资美债，结果美股也跌得很惨。

人民币贬值？情况没你想的那么糟糕

那下一个问题就来了：货币贬值对于我们来说到底是不是好事？一句话讲，不是啥好事，不过也坏不到哪儿去。

首先，货币贬值之后，进口的东西就贵了。我国主要进口能源、大豆、钢铁、原材料、芯片什么的。大豆是用来榨油和喂猪的，如果大豆价格上升，可能会导致肉类价格上涨。能源和原材料贵了，那肯定会把日常的生活用品价格给提上去。同样的道理，我国制造业的成本也会上升。如果你是个做出口加工的老板，你们公司的原材料价格上升，出口价格又提不上去，赚的肯定就少了。赚得少其实也没什么，只要收益是正的就行，那就不会倒闭，加息周期里最重要的事就是别倒闭。如果实在是成本太高，可能会裁员或者给员工降工资。一般来讲，互联网企业喜欢裁员，而只把头部天才们留住。制造业每个人贡献都差不太多，一般倾向于降工资。

不过也有个好处。既然人民币贬值了，咱们的产品就便宜了，那出口的形势会变好吗？大家不要忘了，美元加息导致全世界的货币都变少了，全世界的老百姓都缺钱，花钱欲望就少了。就好像商场降价了，但是你最近正好也缺钱，没啥消费欲望一样。可以理解为，人民币贬值有利于出口，但全球购买力整体在恶化，当然也跟国外复工后生产恢复有关。

说到这里，可能有人要问了：听你这么说，人民币贬值这事儿好像也不是特别严重啊，为啥国家那么重视这事呢？其实10%的升值或者贬值问题都不太大，现在最大的问题是，汇率波动这么大，大家没法做买卖了。

我的一位做贸易的读者跟我透露，说他的客户就很精明，之前订单一直很稳定，今年突然不下单了，说是等着人民币汇率再跌10%，他们就可以少付点钱。10%看着不多，可是大部分企业盈利率也就10%左右，人民币贬值10%就可以多赚一倍利润。我很纳闷，客户不进货，他们卖啥？原来他们本来就有库存，中国去国外的船，跑到东南亚航程要10天，跑到南美要50天，跑到非洲得60天，所以大部分客户都是提前备几个月的货，现在正好派上用场了。

但是我们这边不能随便停工，毕竟那么多工人和机器没法停，更没法随时遣散，可是没订单意味着生产出来的东西纯赔钱，只好给客户提前降价，让他们发单，有时候甚至得赔钱生产，只为了保持运转。**这就是为啥一直以来都在强调"汇率稳定"，因为汇率不稳定的话，双方买卖都没法做了，所以国家得尽力去稳汇率。**

如果说有啥大麻烦，那就是美元债。2022年下半年，少数房地产企业发生了美元债违约事件。这事为啥这么麻烦呢？比如，你去年借了10亿美元，本来还65亿人民币就能解决，现在汇率下跌，可能要还72亿了，平白无故一下子多还10%，这还没算利息。对于很多企业来说，一年到头利润也就10%，全拿去还多出来的这部分美债了。有的还不上，可能就直接破产了。

小公司破产对社会影响不算大，但是对于那些巨头企业来说，它们欠着一堆供货商的钱，它们一破产，它们的供货商可能也得倒下一批，然后一大堆人得失业，说不定还有烂尾楼。这也是为啥每次美元加息，全世界都鸡飞狗跳。

那我们有什么应对的办法吗？

坏消息是，在现在的状态下，应对手段确实不多，不只中国手段不多，全世界都不多，只能任由美国折腾，谁让美元是世界货币呢。好消息是，加息是把双刃剑，对发展中国家来说是割肉，对美国来说是刮骨，他们也疼。

至于很多人提的"人民币国际化"，我丝毫不怀疑人民币将来大有前途，但是现阶段我们的占比太低了，不到3%，所以需要时间去积累信用，一点点渗透进世界人民的观念里，让大家慢慢接受人民币的信用。这种该走的路，一步都少不了。

最后，美元加息这事不会一直持续下去，到2023年大概率就结束了。从短期来看,只能是受美国影响。从长期来看,一切都是先进生产力说了算,我们只要不断精进,慢慢就可以摆脱这种困扰。

房价波动的真正原因是什么

2022年上半年最重要的一个新闻，无疑是"央行发声称房地产是实体经济"，再加上各省接二连三地降低房贷首付比例，房贷利率也稍微下调，不得不让人怀疑国家又要用这根丢在一边好久的拐杖了。我把我这段时间的思考写出来，或许不一定对，但大家也可以结合其他人的相关分析，交叉参考下。

房地产业和组织的真实关系

其实说房地产是"实体经济"，也没什么问题，之前有人测算过，不少人引以为傲的重工业，有25%以上都挂钩房地产，也就是中国重工业产出的钢筋水泥、化工产品、机械重工，有四分之一以上是服务房地产行业的，房地产不景气，这些产能都成了"过剩产能"。

我国是城市化推动了工业化，从某种意义上讲，房地产对工业化的作用是居功至伟的。此外下游的家具、家电、装修设计、餐饮等产业，也都跟房地产业挂钩，这两年政府抑制房地产行业的发展，最明显的就是这些行业也相继跟着惨不忍睹。所以，说房地产是实体经济一点问题都没有。

还有一部分是基建服务，用来基建的钱大头也是由房地产出的，一般是把卖地的收入当首付，再从银行贷款或者社会融资去扩大完善基建设施，将来准备继续卖地外加收税去偿还贷款。

也就是说，老百姓贷款买房，预支未来三十年的收入，这些钱开发商拿小头，地方政府拿大头。地方政府拿到钱后，可以改善市政设施、搞基建等，更关键的是，建设产业园。 如果企业想进驻某个地方投建工厂，直接搬过去就行了吗？当然不是了。首先需要当地政府先把台子给搭好了，最起码要有个"七通一平"，即通路、通电、通给水、通排水、通气、通暖、通网线，此外还需要把那一块地给平整硬化了，这样大家才能去投资。

现在我国有很多企业去越南发展，就面临着这样的问题。越南的当地政府是很支持大家去投建工厂的，但是当地政府该做的配套工作却一塌糊涂，甚至电力都需要从我国广西进口。要不是因为很多工厂现今已在中国完全招不到工人，或者是因为其他不可抗力的因素，工厂主肯定都不会愿意过去越南投资建厂。

在最近二十年的时间里，我国的城市面貌焕然一新，进一步促进了上下游的大发展，甚至压了老牌发达国家一筹，其中很大的一个原因，就是财政从房地产当中拿到了充足的钱财，然后投入其他领域，带动了整体的发展。

说到这里，有个问题就让大家疑惑了：那房价是怎么回事呢？

一方面，房价是个高度市场化的东西，价格不是开发商控制得了的。比如，你们所在的城市楼市开盘了，你觉得价格高不去买，等着房子降价，看谁能抗过谁，但是有的人即便是房价高也会去买，最后"房价高"这种事就变成了大家愿意花钱买。再比如，鹤岗的房子倒是想卖高价，但是没人买啊，鹤岗的房价自然高不了。而且从2022年开始可以看出，房子积压了，各地的财政比谁都急，虽然急，但是也不太有好办法去解决。

另一方面，我们确实控制了"预期"。这个预期就是供地速率、货币预期和收入预期。

收入预期倒也谈不上控制，其实是自然形成的，当今我们正好遇上了一个长达四十年的"黄金时代"。也就是说，美国、德国、日本、韩国这些国家，在各自的历史长河里也都有这么一个长达四十年左右的快速发展时期。主要是因为科学技术铺开后会产生巨量红利，此外叠加人口进城，技术红利加剧城市化，再加上国家主动投资的大基础建设，经济发展非常稳定，老百姓的收入增加得也就很快。

但是随着"黄金四十年"时期的结束，各国都相继进入了"低速增长时代"，或者"微增长时代"，也就是大家现在看到西方发达国家的那种发展形态，很可能我们也躲不开，或者说已经进入了微增长时代。

经济学里的基本假设，原理就是供给和需求假设。打个比方，当猪肉产量超过需求时就会降价，产量不足时就会涨价。咱们的很多城市，房地产供应量其实一直都是被压着的，最明显的就是深圳，商品房实在是太少了。这就导致稍微有风吹草动，深圳的房价就会使劲地追高，因为几乎所有有钱人都在对赌"供低于求"，也就是都在加杠杆对赌房产价格还会涨。至于将来这些人到底能不能从中赚大钱，我也说不准，因为接下来的几年，深圳的产业结构、银行利率、首付比例、发钱水平、二套房贷比例，都会大幅影响房价的高低。

深圳如果真能产业升级成功，那将来房价超过香港也是没啥问题的；如果继续大放水，富人拿到钱没什么可投资的，那就只能继续去投资房子；如果银行继续不给二套购房者放贷，不但不放贷，还不允许随便买，那从客观上就限制了"需求"，房价可能长期横着，收益率还不如将钱存在银行的利率，既然谁都赚不到钱，那还不如不投。

很早很早以前，某论坛上有个帖子，说的是资产和货币的关系，它俩就像是一口锅里煮着一堆肉，会一直往锅里添水，你要尽早把锅里的肉汤舀到自己碗里，这样你碗里的肉汤就不会被持续稀释了。有些人或许不一定能说清楚这些年整个市场发生的变化，但是可能也感觉到了。

一线城市房价持续坚挺的原因何在？

几年前，我曾花费时间弄明白了一件事，就是那些炒股机构炒股跟散户们炒股不一样，炒股机构有极其复杂的估值模型，可以根据利率、企业利润、未来产能等已知数据，算出某只股票现价应该值多少钱，如果现价低于这个值就会一直加仓，这也是为什么每次加息股价会随之波动，因为把利率输入模型后，现价跟着就变了。

而这些模型的基础都依赖一个叫"现金流折现法"的理论。这个理论说简单也简单，比如现在给你100元钱，或者是一年后给你100元钱，你会怎么选？大概脑子正常的人都会选择现在要100元钱，因为大家都会觉得，一年后的100元钱可能不如现在的100元钱值钱。但是一年后的那100元到底值多少钱，就得用"折现"法来比对，折现完了可能就只剩下95元了。同理，如果让你在现在的100元钱和一年后的106元钱之间选，可能你就会选一年后的106元钱了。所以股价按理说应该是未来赚的钱折现到现在。

比如，马斯克的特斯拉股价之前之所以那么高，是因为按照木头姐凯茜·伍德[1]计算的逻辑，他们认为在2030年，特斯拉的产能会达到恐怖的2300万辆，进而认为到那个时候，特斯拉公

---

1 凯茜·伍德（Cathie Wood），人称"木头姐"，在金融界有"女版巴菲特"之称，58岁时创立方舟投资，以极致的成长股风格闻名。

司一年赚的钱将会超过捷克的 GDP 总量,所以现在股价高点怎么了?最关键的是,她的这套理论真有人信,相信这个理论的那些人真金白银地往里砸钱。我查了下特斯拉的数据,马斯克现在制定的目标,是到 2030 年生产 2000 万辆,尽管股价已经跌掉了一大截。

房价在某种意义上讲,也是未来价格在现在的"折现"。倒也不一定是理性的计算,但是很多人确实是凭自我的感觉领悟到了上边的那套逻辑,他们觉得北、上、广未来的房价会突破 30 万元每平方米,所以现在 15 万元每平方米买也划算。

那为啥有人会觉得未来北、上、广未来的房子值 30 万元一平方米呢?对赌投资房产的那些人可能觉得会一直放水;可能觉得会放开限购,全国人民都会去投;也可能觉得北京会成为全世界的超一线城市,反正就是值,就算不值,将来也可以卖给相信这套话术的人。

可能你疑惑不解:疯了吧,怎么会有 30 万元一平方米的房子?主要是现在已经有很多了,而且那些房子都非常大,一套动不动就三四百平方米,想拿下需要上亿元的资金。反正有钱人已经有钱到普通人难以想象的程度了,想象力的空间被击破,格局打开,疯狂持续加仓。

万柳书院之前拍了一套 300 平方米的房子,每平方米竟然售价 36 万元,总价高达一个多亿,简直匪夷所思。不过大家也别因此惋惜,觉得要是早买就好了。这个小区我已经关注很多年了，它在很多年前开盘时一平方米就高达十几万元了，是普通人到啥时候都买不起的高档小区。

2021年，国家为了帮中小型企业度过生存危机，发放过一波救市贷款，这些贷款进入全国各地市场后，又从全国各地涌向了深圳，于是当时就有人开创了"证券化买房"的先河，这人今年刚被放出来。

随后北京的房价起飞，学区房和豪宅迎来了一波大涨，此次大涨的主要原因，还是开发商主打的市场稀缺因素。**我跟不少的有钱人聊过相关的问题，有钱人的观点其实就是需求的"稀缺"。**有钱人觉得金钱其实就是个数字，只是无限供应的一种货币，但土地不是无限供应的资源，一线大城市有魄力继续大规模扩建居民区吗？

现在很多一线城市都在控制人口数量，结果就是土地供应有限，年轻人不断"适者生存"，每年都会有一大批人涌入一线城市，然后跟从一线城市刚退下来的人擦肩而过，最后能留住的都是能接盘房价的人群。

然而在城市生活环境的资源当中，更稀缺的无疑是教育和医疗资源。比如去小地方的县城医院看病，医疗资源有限，对于无法医治的症状，县城医院便会让患者去省会医院看病；省会医院无法医治的，便会再让患者去北京大医院看病；对于国内的患者来说，北京这边的大医院如果医治不了，还能让患者再去哪里？这就叫终结者资源。学区房的概念其实也是一样的，以稀缺的好地段豪宅为贵。

豪宅，建筑面积大，带电梯，有绿化，这样的房子没有人是不想要的，只是买不起。而在北京这类房源特别少，因为在我国好像会刻意回避"富人区"这个概念，只要是豪宅地产，边上一般都要盖点经济适用房或者回迁房，所以豪宅非常少。不信的话，大家可以找个购房 App 拉数据出来查证一下。

更关键的是，我说的这些东西本质其实是一种观念，并不一定要实现，只要有人信就行了。这就类似于比特币的模式，主力玩家们真的相信那一串串数字是真的财富？不一定，其本质也是在对赌。

之前有位大佬在加州理工大学讲过，他说这些东西的本质都是观念，大家觉得值钱就值钱，觉得不值钱就一文不值，类似于"品牌"之类的形象概念，都是观念和想象。

品牌完全是用钱塑造出来的形象，可口可乐汽水只要抹掉品牌，哪怕便宜一半，都有可能卖不出去。

这位大佬还说过，**真实和虚拟之间的界限没有那么大，所有伟大的工程和产品都是先有愿景，然后才有了实物。**《人类简史》这部历史著作，最厉害的一点就是道出了这个现实。人类一直都是先编出一个想象的东西，然后那些相信这个东西的人会拿出资源去开工探索研究，说不定就成功了。而编织伟大愿景的人，成功了是大神，失败了就是骗子。

同理，**未来会越来越好还是越来越坏，房价是永远会涨还是马上要崩，放水是不是永恒的，其实都是观念，未来究竟如何，在很大程度上取决于相信这些观念的人有多少。**比如，大家都觉得未来的形势会越来越差，都不去投资，年轻人也没工作，那未来可能真的就越来越差了，反之也适用。

通胀和观念

接下来一线城市房产的本质其实就两点：通胀和观念。对于未来所有的预期，本质都是对赌。还有一个问题：不是说大家没钱了吗？拿什么去赌？还是那句话，一线房地产的本质是货币现象，货币发出来会堆积在少数人手里，这些有钱的少数人的观念直接决定了未来一线城市房产的走向，跟大部分人的观念无关。

经济变差这件事，确实导致大部分人没了工作、没了收入。但是换一个角度来看，很多人本来可能手里拿着几百上千万元的资金准备去投资实体产业，但是现在实体产业一片萧条，所以只能将这些资金存入银行等着投资时机。如果实体产业一直不好转，可能就会转投进房地产行业追高去了。大家可能就会纳闷了：现在还有人有存款吗？确实是有的。中国是个泱泱大国，没钱的人有很多，有钱的人也有很多，我们来看下央行发布的金融报告显示的最新数据：

2022年一季度人民币存款增加 10.86 万亿元，其中，居民存款新增7.82万亿元，比去年同期多增了1.14万亿元，是有记录以来的最高值。居民存款新增7.82万亿元是什么概念？也就是说，在90天时间里，平均每天有800亿元存款涌进银行。大家注意一下，存入银行的钱整体符合"1∶9法则"，就是10%的人占着90%的钱。如果你没存钱，那肯定是有人存了，估计存钱的人正在纠结接下来要用这些钱去干什么。

但是二线、三线城市就不一样了，除了少数盘，大部分盘还是靠着老百姓的工资扛着。最明显的是天津，挨着北京，这两年房价跌得一塌糊涂，因为有钱人只要拿得出钱，都去北京投资了。天津的地也卖不出去，这样进一步打击了大家对未来的预期。如果大家觉得天津某套100万元的房子到2030年依旧价值100万元，那现在应该价值多少？尤为重要的是，这一点民众正在逐步形成共识，这种共识对未来的影响会非常大，很有可能会导致土地财政无以为继。

文末再总结下吧：

一是除了少数城市，绝大部分城市的房价会慢慢地稳定下来，没什么投资价值，自然也就没什么房产泡沫，房价稳中向下，大家反而会过得轻松一些。

二是一线城市房价会上涨的共识可能依旧存在。 主要也是富人没什么可投资的，股市又一遍又一遍地狂虐那些相信它的人，所以每次股市崩盘了，房地产就会有新的动作，因为丢失了信仰的人又跑房地产行业去了。也有人用股价高位套现买房去了，而且放水预期也在，只要放水，总会跑到一部分人那里。

第三点更关键，新冠疫情这几年，全国各地整体都是很艰难的，而一线城市的很多区域还在逆风上涨。 与此同时，全国各地出现了大量法拍房，而且现在的法拍房都是前两年的房源，今年的法拍房源还在处理中。

四是一线城市已不太需要通过卖地增加财政收入，其他城市可能需要，可历史上房价每次都是一线城市带头先涨，其他城市才会跟进。 如果一线城市纹丝不动，其他城市大概率也会没啥动静，没动静大家就不着急买房，说不定等等还能下跌。那如何看出来一线城市的态度呢？主要看限购政策和首付比例会不会有变化，这两点非常关键。

五是总感觉这次就算一线城市带头涨房价，缺钱的那些地方的老百姓都不一定会跟进。

出生率下降后,房价会跌吗

人口的流动趋势是怎样的?

之前在网上看到一个问题,问的是将来人口负增长之后,我们已经建好的这么多房子怎么办,会不会因没人买而出现大规模空置的情况。其实人口减少导致房子空置的情况已经出现了,只是可能跟大家想象的不一样。

在我小时候,我老家的乡镇里,一个班级里读书的学生还有二三十个人,但是我们那代人是出生于中国最后一次婴儿潮中的,之后出生的人口就越来越少。现在我老家的乡镇学校已经撤销了,剩下的以个位数计算的学生全部被划归到了县里。乡镇里的房子也一样,年轻人都外出打工了,乡镇里只剩下些老头老太,70%的房子都空置着,也卖不掉。

如今经过几十年的岁月变迁,现在我老家那边的生存环境趋势是,乡镇农村的孩子如果考上了大学,一般都选择去大城市发展,运气好而且能力强的人就在一线城市扎根了;县城里的有钱人会去省城或是省城周围稍微大一些的城市买房定居;村子里的年轻人会去县城买房，如果适龄男性青年家里没钱给他在县城买房，那么他大概率会娶不到媳妇。

在这样的境况下，人口就出现了一波涌动，一线城市吸纳全国各地的人才，大城市吸纳小城市的有钱人，小城市吸纳村里的年轻人。 所以这些年年轻人在逐步减少，但是一线大城市的人口还在增多，各省省会城市的人口可能也在增多，可是到了县级小城，有的县城人口增多了，有的县城人口则减少了，而村子里的人口基本不可避免地都减少了，甚至不少村子里彻底没人了。

人口资源整体的流动趋势是从下向上的，同理，还有很多资源枯竭的城市，比如鹤岗，因为人口流失，逐渐变得萧条衰败。我查了下，国家认证过的资源枯竭的城市就有69个，这些城市曾经也是热火朝天的一番景象，如今却已没落得无比凄凉。还有更过分的，有些城市人口基本都搬离了，跟鬼似的。

这些城市的老百姓如果眼光毒辣，很早就意识到了所在城市将会变成"枯城"的命运，势必早早地把房子卖掉搬走了。如果眼光不行，可能面临的一个大问题就是，大家都在抛盘，却没有人接盘，房价越跌越低，最后逐渐鹤岗化。

这种现象并不只是发生在我国，其他发达国家的情况也近乎如此。比如，日本就是这样，乡村彻底衰败了，只剩下少量的温泉村和度假村，其他的村子里也是空空如也，跟闹鬼似的。与此同时，人口大量向东京、大阪等大城市聚集，日本的几个巨型城市现在已经大得离谱了。

日本头部城市的人口也不是均匀地在增加。这些年的数据显示，越大的城市，人口流入越明显。比如最大的东京圈，半径 50 公里范围内，聚集着约 4000 万人口，经济规模比俄罗斯都大，占到日本自己国家的 38%。并且东京圈还在吸纳别的大城市的人口流入，以前总说"东京、大阪"，现在东京已经扩展到大阪的五六倍大。

这可能跟不少小伙伴的理解不一样，为什么大城市都那么拥挤了，大家还要往里扎呢？**主要是因为人口聚集的地方，日常生活交易就会变得很活跃，同时也衍生出各种稀奇古怪的产业，让大家可以赚到在小地方赚不到的钱财。**

咱们暂不提那些本来就喜欢抱团的科技公司和金融公司，先聊点普通人在大城市千奇百怪的谋生状态。比如，在一线城市就有一项叫"专业找猫"的业务。你想想，大半夜的你家猫跑了，你焦头烂额不知道去哪里找寻，慌里慌张。在这种情况下，有人就开展专业找猫业务，带着各种找猫设备过来帮你找猫。这项业务非常贵，可能需要 8000~10000 元的费用。不少小伙伴可能会说"我的猫都不值这个价格"，可是大城市的人不这么想啊，很多人收入高而且把猫当家人，自然不在乎花万儿八千块钱把猫找回来。专业找猫人士可能没什么学历，照样也能月入过万，这在小地方根本是难以想象的。

前段时间我搬家，搬家公司的师傅不仅力气超大，而且非常能干。搬完家我给了他两百块钱的红包,他跟我说他以前在工地搬水泥,一天要搬 30 吨,这么辛苦地出力劳动,一个月才有三四千块钱的收入。到了北京,搬家公司这点活,白领们看着感觉很辛苦,对他来说,不仅跟过家家似的,而且收入还翻了三四倍。

对于没有文凭学历的小伙伴们,一线大城市和小地方差距都这么大,那对于有专业教育知识背景的那些人来说,去大城市和小城市的机遇更是天壤之别。 比如航天和气象等专业,全国仅有几个地方有好工作;我自己所从事的码农行业,大城市和小城市的收入也相差了好几倍。所以,人才都是想也不想就选择去大城市的。

有同样状况的还有韩国。韩国也是老龄化日益严重的国家,年轻人不再选择生孩子,对应的后果就是基层乡镇大规模荒掉,反倒是首都首尔房价一再走高,甚至房产税加税之后,首尔房价继续逆势上涨。

从人口流向的趋势看,人口是在逐步变少,但是各个城市的人口并不是均匀地变少。 比如总人口减少了 10%,并不是每个城市的人口均匀地减少了 10%,而是自下而上地把房子空出来,导致大量的农村人口消失,房子彻底荒掉,**很多小城市人口锐减,但是核心一线城市人口更多、更密集。**

再以韩国为例,韩国这些年人口增长虽然一直低迷,但是人口一直在向首尔聚集，除人口外，基本上所有能拿得出手的企业也全部聚集到了首尔。首尔的房价高得跟香港似的，尤其是江南区，也就是前几年特别火的鸟叔的那首《江南 style》歌里的"江南"，房子贵到令人发指。因为跨国公司的总部，以及韩国尖端企业总部都在那里，所以江南区的房价从 1997 年开始就一路飙升，经济发展好的时候小涨，经济发展不好的时候反而大涨，新冠疫情暴发后更是超级涨。

说到这里大家可能很疑惑：为什么经济不好的时候，房价反而会暴涨呢？因为每次大危机出现，政府都会放水调控。但是在经济不好的时候，富人们拿到钱却没地方投资，会优先去抢夺稀缺资产，而整个韩国最稀缺的资产就是江南区的房产，可不就得去疯抢？所以房价一直涨，而且经济危机时期涨得更离谱，有"江南不败"的传说。

文在寅作为韩国左翼领袖，上台的重要口号就是"公平"，还要治理房价。从经济规模角度讲，现在大首尔区的经济体量约占到了整个韩国的 40%（跟东京圈在日本的地位差不多），排名第二的釜山经济圈只能达到首尔的十分之一左右，大家想想有多么恐怖。不仅如此，更夸张的是，顶级一线大城市顶着房产税，房价却依然继续在往上涨，发达国家这个趋势特别明显，比如美国，越是好房子，不仅越贵，而且房产税越高，这些年也一直持续在上涨，日、韩、德国的情况也差不多。

哪些地方的房价会持续涨？

说到这里，大家可能就不明白了：一线大城市的房子都那么贵了，为什么还能继续涨？

这个原因有很多，直观原因就是经济只要继续发展，大家的收入就会增加，少数高薪阶层的财富积累也会更多更快，有钱了自然会买房，没什么悬念会推高房价。 而且，一线大城市的房子存量大，每年交易成功的却非常少，价格是由边际交易量决定的，比如你们小区有一百套房子，房价就是最近成交的那套决定的。所以并不需要大家的收入都有所增长房子才能涨价，少数高薪阶层就能推上去，而且如果大家知道房子将来会升值，就更不抛售了。

一个东西想要一直升值，一个重要的原则，就是大家都握在手里不能抛，美股就是这样，换手率极低。我们一线大城市的房子也是一样，平均持有时间在五年以上。什么时候大家买了股票像持有房子一样拿着不急于抛出，那股市也会越来越好。

另外还存在"换仓"的问题。这又是怎么回事呢？比如你在东北有五套房，但是这些年基本没涨或者涨幅不大，你会一直持有吗？可能会一直持有，但是理智的做法是把这些房子卖掉，去换成升值前景比较好的房子。这样的结果就是，房价涨幅不大的地方，有钱人抛掉当地房子向一线大城市聚集，导致马太效应更加明显。

当前的市场状况对这类人的影响很大，在一定程度上延缓了这种"换仓"进程，不少人想换也会因为没有资格而换不成。不过操作难不代表就办不成，我这些年碰到过太多人，在老家非常有钱，毕业后到北京，专门找能解决工作居住证的地方上班，工资低也没事，就是为了拿到房票后，把老家的房子"换仓"到一线大城市。

这两年房地产行业一直不景气，环京的房价绝大部分腰斩，东北的房价也不怎么样，天津的也是一塌糊涂，很重要的一个原因就是，不景气的地方有钱人继续抛盘去南方了，导致不景气的地方房价惨上加惨。**所以吧，等着人口下跌去一线大城市捡漏的想法，可能性是不大了。**

而且，大家都知道货币超发这件事情，可能不知道货币到底是怎么往下超发的。货币是通过信贷，也就是从银行借钱流入经济体的方式超发的。这里就有个问题，资产越值钱的人，往往越能借到这种超发出来的钱。2021年12月中旬，我国央行降准，对市场释放了1.2万亿元，这些钱是普通人想去借就能借出来的吗？当然不能了，最起码的一点，银行为了防止借贷人不还钱，需要借贷人把房子抵押了，在这种情况下，当然就是谁的房子值钱，谁就能贷到更多的款了。这就意味着，超发出来的钱大部分都进入了一线大城市，进入一线大城市的钱多多少少又会进入房市，这就会进一步推高房价。比如张三名下有套房子，他觉得将来钱会越印越多，于是就把这套房子抵押了，贷款再去买一套，等下次政府再放水，他的房子升值了，就可以卖掉了。

这就像是击鼓传花。美股也不是大家用实实在在的钱推上去的，也是美国放水出来，机构再借钱买美股，美股上涨，全世界各地的人都借钱再去买，这样一路就推上去了。如果持续几年银行不给贷款，那么房价就会虚高，美股是这个原因，也是这个逻辑，如果没有增量资金进来，就会陷入半死不活的状态。

富人和穷人最大的差别也在这里，富人用银行的钱赚钱，普通人却只能赚回自己的工资，赚钱的速度可谓有着天壤之别，当然了，破产的速度也是有天壤之别的。 我们经常听说富人破产，却很少听说穷人破产的，穷人向来都穷得很稳定。

所以接下来的趋势很明显了，就算是人口下降，也是自下而上地把小地方的房子空出来。大家都想去的地方，房产税压也压不住，因为这个世界的钱总体是越来越多的，人的基本需求却只有吃穿住行。除了住，其他三项的普通开销花费不了多少钱财，所以无论在哪个国家，房子都是大家最先配置的，也是大家最愿意花钱配置的。每年都会有大量的新晋有钱人，而好房子的供应却永远跟不上。

当然了，这样演化下去也不是完全没有好处，将来一线大城市的房子会贵得离谱，可其他地方的房子因为失去了投资的属性，楼市则会变得越来越温和。 如果买了房也不涨，大家慢慢地就不会再囤房子了，于是房价开始走低，当地人的生活也就不那么焦虑了。房子不涨，大家也就不着急买房了，租房住也变得无所谓了。天津的现状就是这样,我认识的几个朋友目前都是在租房住,买得起房也不买,口头禅就是"反正也会跌下去,着什么急"。

看出来了吧,房子不涨很多人就没有了刚需,不过这个过程是很痛苦的,因为目前我国大部分人都是有房的,房价下跌已经让很多地方的老百姓非常郁闷。个别城市这几年房价遭到一波重创,全市只有少数几个地方还在涨,我认识的个别城市有房阶层的朋友们都非常痛苦,没房的反倒幸灾乐祸,有钱也不打算买,住在出租房里等着看笑话。

其实这就是成熟国家的状态,一线大城市的房子都特别贵,豪华楼盘贵到大家怀疑人生,不过其他地方的房价都不怎么样,年轻人也不着急买房了,只要房子不跳涨,大家也就不慌,慢慢地一起耗着。说了这么多,大家需要明白的是,**一线大城市的超级都市圈会越来越大,这些地方的房子没有闲置下来一说;乡镇农村会进一步空心化,另外没什么好产业的地区,人口会继续大量流出,加剧大量住房空置的情况;除了少数一线大城市,绝大部分城市的房价慢慢地会稳定下来,没有什么投资价值,自然也就没有泡沫现象,当地的居民反而会过得轻松一些。**

未来城市，是"鹤岗化"还是"深圳化"

低房价城市有哪些特征？

我老家是山西省辖下的一个地级市，经济情况在全国范围内算差的，我有位高中同学在老家已经做到市级领导了，2022年春节我回去，我们聚了几次，聊了不少话题，我感觉挺有启发。后来不知怎么就聊起鹤岗来了，他有个说法，说是国内除了一、二线大城市，其他大部分地方都是鹤岗。

为什么这么说呢？鹤岗又为什么成了鹤岗？主要有三个原因：一是没啥好资源，比如港口、特产等（也可能是资源耗尽）；二是没有增长性特别好的产业；三是人才持续外流。

一个地方要发展起来，必备的条件往往是要有一些特别好的资源，比如优越的地理位置或环境好。 有些城市拥有港口，有些城市位居交通要道，这些都是好资源，这些城市可以先做资源买卖，等有了本钱，再赶在资源耗尽之前，转型增加更加稳定持久的产业。

如果什么都没有，那就惨了，就会被锁死。当然了，不可避免的一点是，资源型城市大部分都有依赖症，转型失败的也很多。

我老家那个地级市，因为没有好的资源，所以没有特别好的产业，每年高考倒是有不少孩子能考进名校，但是这些孩子毕业后都不回来，主要是回来也没有专业对口的工作可选择。比如我这个同学，他自己是北京名校毕业，回去只能去做公务员，其他工作都不甚理想，而更多的人则不愿意回来。

人才都不回来，自然也搞不出来什么新兴产业，没有产业，人才只要考大学走了，就再也不回来了。所以过去的几十年时间里，我老家处于一个持续放血的状态，整体就是一个恶性循环。由于没什么好产业或产业停滞不前，而生产力决定了当地文化的活跃状态，因此当地的文化也变成了一种"静态文化"。

在增长速度很慢的社会里，人情就是另一种货币，子女找工作，自己出门办事，不找点关系心里不踏实。**而且在静态社会里，大家脑子里"拼搏奋斗""出人头地"的想法会淡薄很多，反而对"稳定"有种独特的需求。**毕竟眼前的日子要过很多年，所以当地老百姓最热爱的职业还是公务员，如果考不上公务员，退而求其次，去个电厂等国营单位也是种好选择。

热衷公务员这件事不仅存在于山东地区，在哪里都差不多，只是山东人的共识要强烈得多。大家可以仔细观察下，民营企业发展不太好的地方，这种观念往往都比较重，同时这种观念又束缚了民营企业。因为在这些地方，稍微有点能力的人都进了体制，民营企业自然发展得不好。反过来，这些地方又不断在强化"万般皆下品，唯有公差高"的观念。事实上，我国古代人所说的"读书高"，也不是咱们现在所理解的"知识是生产力"的意思，而是那时候读书可以考取功名，看着是在说读书，其实说的就是考编制。

除了编制，小地方的另一个魔幻现象，就是房子。在我老家那种低房价的地方，房子是几乎所有人的头等大事，不过在那种地方，也只有公务员才能贷到款，其他人很难办到，这时候就得靠民间借贷，大家"融资"主要就得依靠亲戚朋友。

周边县城里的有钱人也会选择去小城市买房，既是为了子女回家探亲方便，也是为了自己方便。所以这些年县城的人才流失也严重，先是流失了外出读书、务工的年轻人，然后又流失了比较有钱的中年人。

而且和鹤岗一样，盖房子这种"土地财政"在当地也搞不下去了。在我老家那种地方，老百姓积攒了好多年，并且集合了亲戚朋友们所有的资金，最后才能买套房。经过过去几年的折腾，能买的几乎都买了，剩下的就是改善了，每年都有那么一批人发点小财，然后就会在当地选择好一点的小区搬进去。于是当地有些小区的房价比其他地方高出了一大截，户型也大，小区物业管理也非常正规，整体风貌跟其他小区完全不是一码事。

但是对于地方来说，由于买房需求透支得差不多了，再想卖地，开发商也不一定接了，因为卖便宜了地方不愿意，卖贵了开发商不赚钱，所以卡住了。换句话说，房地产拉经济这样的事并不是可以被无限应用的，它有根最后的红线，也就是开发商开发出来的房子，当地的老百姓们不买了。如果买，那说明还有购买力，还能接着持续下去；如果不买了，那就说明当地的老百姓已经没钱了，买不起了，那这个时候，开发商就选择不拿地了，低房价城市就是这样形成的。

从这个意义上讲，很多地方已经根本没办法再用"土地收入"这根拐杖了，同时也说明一、二线城市的拐杖还远远没有失去效用。而且尴尬的是，越缺钱的城市，越没办法开发房地产，越是可以开发房地产的城市，其实已不太需要这种模式了。

此外观察其他发达国家的历史，还能发现一个趋势，就是在每个发达国家的历史上，都会有一段超级基建时期。一开始是全国性的大拆大建，但是很快就实行不下去了，因为大拆大建是需要老百姓们极大的财力支持的，等到基层的储蓄耗尽，这项措施就实施不了了。

那些发达国家，也无一例外地出现了"二次城市化"的现象。 也就是农村的人进城，导致城市大规模拆迁一番，但是这些人进城不是可持续性的，到了一定程度就停了，这是第一波城市化。然后小城市向大城市再来一波，小地方有才华的人会选择去大城市打拼。日本的东京、韩国的首尔、美国的洛杉矶和旧金山，都是这样。第一波和第二波是有一定重合的，不过第二波将会持续得更久一些。

这就导致各国除了大城市，其他地方都会出现不同程度的停滞和倒退。我们在看美国电影的时候也能感觉到，美国的那些小城市和旧金山这样的核心大城市完全不是一个画风，日本的小地方和东京也完全不是一个模样，今后我们慢慢也会呈现出这种状态。

低房价城市越来越多，该怎么应对？

网上有很多人在探讨，鹤岗这类城市所存在的现状问题，该怎么去解决。那天和我同学讨论，他的观点是没啥可解决的，**发展是异类，停滞或者"微增长"才是常态，处理好停滞状态，不出问题，才是关键中的关键。**

现在小地方面临的最大问题，就是"财政的刚性支出"和"日益萎缩的财政收入"之间的矛盾。教师的工资得发吧，退休员工的养老金得发吧，修桥补路也得花钱吧，这些钱基本上没啥回旋余地，必须得花，但是对于那些停滞了的地方，政府财政的收入来源却成了一个大问题。

这也没什么好办法，今后只能是精简地方领导班子。如果没法开源，那就只能尽量节流。

今后小城市的政府财政现状就是，自己省着点花，国家再从东部征收补贴一些，慢慢地形成了一个平衡，日子也就可以过下去了。至于为啥要东部补贴，这也是应该的，因为中西部以及东北部地区，一直在持续向东南沿海地区及一线城市输送人力，导致自己"贫血"，发达地区给落后地区点补助也无可厚非。

这倒是应了那个很热的词，叫"新常态"。其实，观察下整个人类有文字记录的五千多年的历史，低速和停滞是绝对的常态，我国过去四十年的高速发展，是集聚了下列这些因素才迸发出了前所未有的经济活力。

一是正好赶上了一个技术周期的成熟期；二是正好我国完成了整改；三是我国正好有一大波人才红利。

这些因素的叠加才有了这种突飞猛进的效果，但是仔细一看，就能发现这些因素都在淡去，接下来其实是"回归常态"。

回归常态之后，并不是全国的增速都均匀下降，而是大部分地方的下降会明显得多，但是也会有少数地方，说不定会比之前发展得更迅猛。

举个例子大家就知道了，这也是我自己亲身经历过的。几年前有个研究图形算法的博士，他的研究成果是顶级的，但是国内基本没有厂家用得着，于是导师就跟他说"你要不就去美国碰碰运气"，他都已经订好了机票，突然有大厂技术负责人给他打电话，说去聊聊。

因为之前这个技术负责人跟他聊了之后，跟自己的领导一汇报，难得的是领导的思路很开放，决定试试。于是领导大笔一挥，拨了一部分钱资助他继续研究，这不几年过去了，已经出了成果，现在他已经不再是当年的那个穷博士了，不仅有了自己的实验室和团队，还住进了北京的好小区。

这种事在前些年只能在其他国家发生，但是现在在我们身边发生得越来越多，而且几乎无一例外都集中在一线城市。**咱们并不是在这里无脑吹一线城市，只是一线城市的人更多，思路视野也更开阔，人才和优秀想法更容易被识别，识别之后就能拿到投资，迅速形成一个正反馈链接。**

个别发达国家科技的研发创新也是这个逻辑。它们拥有强大的"技术市场"，有才华的人可以去市场里公开叫卖，投资方可以选择给那些有前途的方案打钱，慢慢地美国就成了全世界的"一线城市"。在这种模式的推动下，我国不出意外，今后也会形成少数城市"深圳化"：高收入、高房价、高压力、高淘汰。

还有一部分城市也能找到自己的发展之路，比如有些城市开发起了特色旅游，尽管发展得不会太快，但也能慢慢往前走。同时少数小城市可能出现低房价，低收入，低压力，发展停滞。不过也没什么不好，**一个好的国家的多元化，就是应该给各种不同的人提供不同选择，热血青年可以选择去深圳那种地方建功立业，也可以选择在老家建设家乡。**

可能有人会问：有没有那种躺平了，还可以很舒服的生活？我个人感觉，再过几十年也不是不可能。只是在现阶段，依照我国的发展水平和人口基数，是不太可能的，除非你自己家里有矿、有产业什么的。所以我国接下来很长一段时间的发展思路，依旧是"底线思维",国家会努力去给老弱托底,并在这个基础上逐步落实劳动法,走出传统无限内卷模式。

如果有手有脚头脑正常的人不需要工作就可以过得比辛苦工作的人好,那就不是一个健康的社会,而是一种畸形社会。 在这种情况下,就只能是做选择了,事实上太多人已经做了选择,不然也不会有那么多城市成了人口净流出的城市了,因为已经有太多的年轻人用脚在投票。

那今后"鹤岗化"小城和"深圳化"大城之间的差距会越来越大吗?会,也不会。财富总量上的差距肯定是越来越大,生活质量方面的差距却不会太大。即便是现在,大家应该也有感触,小城市跟大城市的生活差距并不大,基本上是大城市在用啥,小城市也在用啥。可能差别只在于,你用的是大品牌,而他们使用的是质量可靠、价格便宜、没有品牌的同质化产品。我回老家的时候就有这个感触,北京有啥,老家就有啥,只不过都是低配版本。所以也不用太担心,成熟社会就是这样,给每个人一个合适的生态位置,让每个人都能找到自己的位置,只要心态调整好,每个人都能过得挺不错。

承认自己普通吧,
这没什么不好。

当你承认
自己普通的时候,

才能够选对
正确的路。

人口下跌不可怕，人才浪费才可怕

德国经验给我们的启示

在 20 世纪初，中国还处于封闭落后的清末，印度还是个四分五裂的殖民地，而德国就已经拥有了 962 名物理学家。展望其他国家，英国有 282 名物理学家，法国有 316 名物理学家，美国有 404 名物理学家。

为什么德国的物理学家会这么多呢？这在学术界也是有共识的，主要是因为德国的教育体制，兼顾了为工业化提供人才，又顺便培养了大师。德国当时已经实现了义务教育，德国的义务教育是有明确目的的，就是要给工业化批量生产人才，后来这种模式移植到了很多国家。比如我们的教育体系来自苏联，苏联的教育体系来自沙俄，沙俄是学了法国，而法国也是在拿破仑时期学习了普鲁士。所以这些国家的教育体系虽然都有点像，但是又不完全像，可其目的都是一样的，降低人口波动，以教育服务工业化。

但是这些国家的大学教育又不太一样，德国是最早创立现代大学体系的，注意那个"现代"，"大学"这个概念词汇，自古以来就有了，但是"现代大学"出现得则比较晚。欧洲的大学出现得比较早，12世纪就有了，不过那时候的大学主要是神学院，研究针尖上能站几个天使的那种。直到后来地理大发现，生产需求开始催生各种研发需求，但是一直类似"行会"，也就是一群有钱有闲的人聚集在一起瞎讨论，讨论出啥来算啥。所以欧洲早期的知识阶层就是贵族阶层，闲人才会去研究那些东西，甚至有点类似于"智力游戏"的意思。

德国继承了欧洲大学的逻辑，在此基础上更进一步，在1810年，由威廉·冯·洪堡创立柏林大学后，将研究和教学结合起来，并且当时德国的大学就是自治的，强调学术自由。

要知道，那时期的德国还在四分五裂的状态当中，柏林所在的普鲁士还是一个比较疯狂的军国主义邦国，整个国家就是军营，整体状态和我们之前的秦国差不多，那时候能有这觉悟，也并不纯粹是偶然的。

因为普鲁士的上层军官一直尚武，随时准备出去打劫，在他们挨了几次打之后，就意识到科学技术对军工有着重大的支持作用，所以对教育一直不吝投入。而且整个欧洲在19世纪都风雨飘摇，各国随时可能爆发革命，所以政府就得拉拢一切可以拉拢的派别，其中就有德国的旧贵族。而德国的旧贵族一般分为三类：

一类是种地的,也就是容克贵族。

一类在军队,也就是大家熟知的普鲁士军官团。希特勒那样有个性的人都搞不定这伙人,后来还被他们刺杀过一次,造成了永久耳鸣(尽管没过几年他就死了)。

最后一类就是在大学搞学术的。上文说了,早期科学主要是有钱有闲阶层的娱乐活动。德国政府为了笼络这些人,对大学异常慷慨。德国的大学也争气,在第二次世界大战之前,一直引领全世界最高的学术水平,直到希特勒上台把这些都毁掉了。希特勒上台大搞种族清洗,四分之一左右的犹太人被解雇,其他人察觉风声不对,也跑到美国去了,这些人里有一大堆的知名人物,比如钱学森的导师冯·卡门、不必多说的爱因斯坦、量子力学大师维格纳,以及计算机之父冯·诺依曼等。从那之后,美国基本上继承了德国大学的衣钵,一跃登上了科学的巅峰。

相比之下,我国的大学并不仅仅是搞学术的地方,同时承载着这些年我国经济极速崛起的任务,主要任务并不是向人类科技边际突破,而是为工业化批量生产技术人员,所以相对要功利得多,对顶级人才的培养效果一般,不出意料的话,将来这种情况慢慢会有所改变。

天才对科研和国力的推动作用

为什么聊这件事呢?其实就是想说一个问题,德国在 20 世纪初,人口有 6500 万,相当于我国现在安徽省的人口数量,能做到大师云集，结合文章一开始的那一段，我觉得很能说明一个问题：**我们以往太过在意人口数量，反而缺乏对人口的深度挖掘，导致太多有潜力的人并没有被发掘出来。**

我经常在想，牛顿出生于1643年，众所周知，明朝就是在1644灭亡的，也就是在清朝初期的时候，牛顿已经在剑桥和乡下思考万有引力和微积分了。而在康熙二十六年（1687年），牛顿发表了他的皇皇巨著《自然哲学的数学原理》，开启了人类伟大科学史上的新纪元。同时期，我国懂几何的人不超过五个，其中一个竟然是康熙皇帝，他当时正跟着耶稣会传教士学习。

我国当时也应该有不少这类天才，只是他们没有牛顿在英国当时的环境，毕竟我们又没有理工类的大学。我国的这些天才要不就是在放牛生涯中虚度了一生，天天觉得这个世界好像有什么规律，却因为没法上大学缺乏相应的数学工具，一直处于迷迷糊糊的状态当中，要不就是在四书五经上皓首穷经，最终却不得要领，陷入了深深的自我怀疑。

科研领域不存在"人多力量大"的道理，这个行业是没什么替代关系的，一个天才对其领域的贡献，远超百万没天赋的人瞎折腾，这是一个极度的寡头世界。 不只科研领域如此，理工科领域的这种情况也特别多。我前段时间还碰上一次：有个团队一直在处理一个服务器性能优化的问题，这个团队成员也是清一色的985大学毕业生，四个月优化了0.2%，完全不达标。后来项目组协调了一个大神过来，用了一星期，重写了之前引用最频繁的算法后，性能直接提升了 4%，一下子翻了 20 倍！

当然了，这些神级实力也都会体现在收入上。我知道的是，有天才级的算法高手，一毕业就能拿到 110 多万元的年薪，而普通的码农起步差不多也就 10 来万元的年薪，收入差距拉开了 10 倍左右。不过我每年去招聘的时候，都有个感受，顶级神级高手和普通选手的真正差距不止 10 倍，而是可能已经高达 100~1000 倍，或者根本就没有"倍数"这个说法，就是 0 和 1 的关系。**很多问题不是堆时间和人力就能解决的，需要的只是那种超级变态的大脑。**

比如芯片领域的大神吉姆·凯勒，在美国 DEC 公司（美国数字设备公司）时就是 Alpha 芯片的主设计师，我们的超级计算机神威·太湖之光用的芯片就是基于这个设计的。后来他又去了苹果公司，开发出了著名的 A 系列芯片，这项开发现在已经被吹爆了，苹果公司也因此成了一家芯片公司。然后他又去了 AMD（美国超威半导体公司），开发出了 Zen 系列，AMD 瞬间翻身又行了。前几年他又去了特斯拉，给特斯拉设计了 FSD（自动驾驶芯片），大家有兴趣的话可以去查一下。

这种人和普通人根本没有替代关系，走到哪儿都能掀起一波技术革命。在硬科学领域，并不存在人人平等一说。这就是塔勒布所说的"极端斯坦"，是神仙满天的地方。搞不定就是搞不定，一个超复杂问题，可能堆多少普通人都没用，但是碰上真正的大神就能一击必杀。

我国人口问题的真正忧患是什么？

不少人担心我国人口会持续减少，问题是我们充分利用现在的存量了吗？我相信有无数天才，由于现在的体系没办法识别，正站在电子厂流水线旁，干一些没什么技术含量的重复性工作。

我以前也一直觉得，需要有巨大的人口底座，才能培养出足够多的天才。现在我不那么看了，德国才那么点人口，都能做到繁星璀璨，我们没有必要拥有这么多的人还担心人口不足，咱们的底座已经足够大了，即便是人口减少，存量依旧大得离谱，能经营好存量已经很可观了。

所以，与其操心大家不生孩子，还不如操心在已经生出来的孩子中，是不是有人才被浪费掉了。**一个顶级高手人才真的足以替代上千个普通人，只要浪费一个就相当于少生了上千人，甚至都不止，因为顶级高手和普通人之间并没有明确的换算关系。**

此外有不少人说，如果没有人口，那就没有购买力。这也是个错觉，很多人把人口基数和消费率直接挂钩了，其实在现实世界中并非如此。北京师范大学李实教授团队，在 2019 年的调研中得出数据，当时中国有 9 亿多人的月收入低于 2000 元。我大概算了下，9 亿多人的消费力和生产力跟一座杭州差不多，而一个加州 4000 万人的消费力和生产力足以超过非洲 12 亿人。事实上，加州无论是生产力，还是购买力，甚至创新力，都超过印度整个国家，而印度足足有约 14 亿人口，这几乎是加州人口的 35 倍！或许未来我国能跟加州一较高低的，应该是广东、江苏两地，广东 2021 年的 GDP 是 12.4 万亿元，大约是加州 GDP 的一半，预计再过一些年差距会越来越小。

或许还会有人担忧人口减少后，干活的人就不够多了。其实这个思维局限了中国人太久。为什么整个古代我们的科技基本都处于停滞状态？因为根本没必要发展，有什么问题直接堆人力解决就可以了，这让我们自古就形成了路径依赖。甚至京杭大运河这种在当时关系着国家命脉的大工程，也是人工一段一段地拉到北方，以至于后来效率更高的海运不被朝廷采纳，因为大运河航运是百万漕工的衣食所系。但是采不采纳都没用，很快人家坚船利炮打上门来，让当朝统治阶层不得不做出改变。

因为西方没这么多人，所以一直尝试用机械代替人力，慢慢才发展出了后来的技术革命。西方和东方有个大分野，东方一直太过依赖人力，因为人多，所以手里有个锤子，就看什么都是钉子，对任何能够提升效率的工具都抱有抵触态度，碰上问题首先想到的办法就是砸人力。所以，东方虽然有漫长的历史根基，但技术进步基本为零。

这个观点并不是我提出来的，而是之前看到的经济学家李稻葵的说法，他测算的结果是，从北宋到清朝，中国人均 GDP 基本是一条平线，也就是完全没有增长。到了清朝还开始下跌了，因为技术没什么大突破，而人口暴涨则导致人均 GDP 下降了，相比明朝，大概跌了 30%，尽管有美洲作物传入，但是作物产能的增长却远远赶不上人口的上涨。

西欧在黑死病暴发之后人力一直有点不足（工业革命之后机器代替人，人力又有点过剩了），所以西欧就得想办法提升一下技术含量，借此达到减少人力的目的。一开始用人力拉风箱炼铁，后来用水车，水车的工作原理研究明白了后，就开始用水力纺织，后来水力不够用，就开始研发蒸汽机，蒸汽机也迭代更新了好几代。而且蒸汽机一出现，一下子就拉开代差了。

技术进步对就业造成的压力

即便到了现在，我国这种依赖人力的思维还很明显。对比美国的互联网公司，依旧是怎么节约人力怎么来，而中国的互联网公司之前一个个都像人贩子似的，都捆绑着天量的人力。**很多头部公司看着是信息高科技企业，其实还是劳动密集型企业。**

我之前的文章中提到，当初的"大三线建设"，发动了无数人去山里挖洞，耗掉了多到无法衡量的人力资源，现在来看就很简单了，用上万吨的挖掘机去挖，一铲子下去，几千人一上午的工作量就达成了。可见我国很多依旧需要大量人力的工作，其本质还是技术发展没到位，到位了就非常容易完成。同样的道理，如果自动驾驶搞定了，一夜之间无数司机就失业了。

大家不能一边担心失业，一边担心人口不足吧？依我看，未来最可能发生的危机应该是技术进步导致的人员失业。这一点中国人的体会不深，因为我们是这一波技术红利的搭车者，欧美国家的体会就很深。前段时间德国爆发了一轮抗议，因为油车产量暴跌，各家大公司都开始裁撤油车工人，重新招纳可以从事电动车相关领域工作的工人。而电动车工人跟油车工人则完全不重合，大学课程设置得都不一样，油车工人到三四十岁的年纪根本没办法改行。所以才有那么多人对技术进步非常反感，比如特朗普的粉丝，进一步连全球化也一起反感。

大家可能会想：咱们能不能不研发那种技术了？咱们不研发还有美国在研发，这就好像明清不搞海运，欧美会搞，对方搞明白了就会打过来一样。并且，技术传播扩散得非常快，假如特斯拉2025年解决了自动驾驶，那很快我们也会跟进，淘汰几百万的汽车司机。到时候用特斯拉的技术，就得给特斯拉交专利费，特斯拉盈利后股价上涨，而特斯拉的股票背后又是美国养老金的资金保障。

这里也引出来一个问题，我们总说我国的养老金不够用了，美国解决这个问题的办法，就是每个人把自己工资的一部分拿出来，放到股票池子里，享受科技公司的红利。这样的话，尽管技术突破可能会伤及你，但是你持有它们的股票，多少可以对冲掉一部分损失。

也正是因为反对美国的科技霸权，我国对自动驾驶技术一直非常上心，北京亦庄放置着一大堆自动驾驶测试车，我有位朋友是这方面的大牛，他带我去测试车里待过半个小时，让我体验了一把完全不需要操作方向盘的自动驾驶模式。不过那些车现在还不能出亦庄测试区，他说这项技术已经不是未来科技了，就在最近几年，而且我们决心也很大，绝对不可能让中国这么大的市场用美国技术。

此外，低端产能迁出中国也基本上是势在必行，就算不转移，一个接一个也会变成完全没有工人的"熄灯工厂"。那依附在那些机器上的人口怎么办？随着产业革命的推进，越来越多的工作岗位被挤压已经是趋势。比如，娃哈哈流水线上的工人已经从两三百人缩减到了几个人；富士康更是在5年内将40万工人换成了机械臂；2016年中国农业银行雇用了638个工程师，把智能化程度提高了3%左右，下岗了近3万柜面人员（农行总共47万人）。麦肯锡估计，截至2030年，有20%的中国工人将会被机器人取代。以2021年我国就业人口为基数，20%的工人，那可是1亿多人口[1]。这些都是正在发生的未来。

也就是说，技术进步一方面可以释放人力，另一方面也可以弥补人力缺失的亏空，而技术进步本身又依赖天才和大神级别的人力资源，这又绕到我们上文的话题了。

至于很多人说的人口结构，讲真，除非中国一直维持14亿人口，不然人口结构迟早失衡。我之前就说过，人口红利的本质其实就是"债"，突然爆发了一波人力迟早得还回去。比如这

---

1 截至2021年年末，我国就业人员有74652万人，其中第二产业就业人员占29.1%，第三产业就业人员占48.0%。

些人当工人的时候特别多，那当老人的时候依旧也特别多。

有些人则指望让更多的年轻人来养活人口红利时代的这些人，这百分之百是不可能的，这样的话就得一代比一代生育更多的人，类似于庞氏骗局的模式，人口以滚雪球的方式不断突破，持续扩大基数。

其实现在唯一能指望的，就是让一个年轻人提供之前两个人的贡献。你可能会疑惑：这可能吗？当然可能了。一台挖掘机可能顶几千工人的劳动力，一个码农交纳的社保可能顶上二十个土木工人交纳的社保，一条火车线路一年的运输量可能赶得上明清六百年漕运的运输量，一个顶级天才一项技术创新的盈利可能顶得上几万、几十万个工人、农民的社保贡献。所以，**技术和人才发掘是第一位的，让年轻人在科技的辅助下提高人均贡献力**。中国现在人口已经极其多了，如果这个基数都不够发掘出人才，那即便是人口再多也没什么用。

说了这么多，文末再给大家做个总结吧。

首先，我们这么大的国家、这么大的人口基础，天才和人才依旧太少，明显是因为太多人被埋没了，所以与其操心人口出生率，还不如专心研究下怎么提高优秀个体的素质，发掘天才，发展科技，让高能人才与高科技结合，极大地提高科学生产力，以此提高每个人的收入和劳动生产率，这才是关键。

其次，我们已经走过了靠人口又多又便宜发展工业的红利时代，接下来就是尖端领域的对抗，需要的不再是大量人口，而是对人才的选拔和精细培养，选拔出更多的人才，培养出自己的大神，并且把大神留下来，去突破科技的创新发展。

再次，技术进步会降低对人力的需求，可能会在未来引发大规模的失业现象。这是一条非常纠结的路，但是不走又不行，咱们不走美国也会走，到时候就会彻底碾压我们，钱他们赚，苦咱们吃。

最后，随着科学技术的进步，新一代的年轻人完全可以做到"一个顶俩"，或者"一个顶十"，所以我们要坚信技术进步带来的人力生产率的提高。

一线城市降低落户门槛，释放了什么信号

人才模式的改变导致落户政策松动

前不久，上海放出一个爆炸性的消息，即达到一定级别的应届硕士毕业生，无须"打分"，符合基本条件就可直接落户。要理解这件事意味着什么，就得先理解为啥上海这座大城市不允许人口随便落户。

对此，很多人的第一反应是，如果上海彻底放开落户，那大家都去上海落户，上海是不是得被挤爆？其实不是，因为现在你想去上海，也没人拦你，即便你一辈子没户口在那里待着，也不会有人赶你走。或许你去问别人为啥不去上海，基本不会有人跟你说户口的事，大概率是嫌压力大、房价高之类的事情。

那么问题来了：户口到底有什么影响？

主要有两点：一点是影响子女入学的问题，其实这个问题在一线城市里也不是什么大问题，一线城市里有很多富人的孩子在国际学校就读，将来也不准备参加高考，而是要直接出国；另一点是养老的问题，这一点对富人来说也无所谓，因为大多数不在

体制内的普通人,退休养老金真的没有多少,靠这点钱根本指望不上养老。

说到这里,大家应该明白了,落户上海这座一线城市,对富人来说没什么用,对穷人来说也没什么用,因为穷人不留在上海的主要原因不是户口。户口的影响主要是针对中间阶层人群,这部人可能并不指望着以后退休时领取养老金,但是没有户口,孩子入学的问题就变得非常麻烦,国际学校去不起,想参加上海的高考国家政策又不允许,所以这部分人到了三十来岁的年纪,面临着子女入学的问题,很有可能就要被迫离开,回到户籍所在地让孩子就地入学。

那为什么以前落户制度管理那么严呢?

这又是个比较复杂的问题。户籍制是历史上沿袭下来的,因为对沿海大城市的发展产生了巨大的推动力,所以得以保留了下来。

那么户籍制产生了什么推动力呢?

在1978年以后,我国慢慢就不大管制老百姓自由流动的问题了,比如你跑去长三角地区、珠三角地区的工厂里上班,肯定没人管你这些,但是等你老了,需要领养老金的时候,如果你没有沿海城市户口,那沿海城市就不用支付你养老金,这样当地政府就可以省下一笔养老金。

但是输出人口的那些地区对此就会有很大的意见了,本地劳动力在年轻时去沿海地区打工，等到没有创造财富价值能力的老年时再回来让本地政府给养老，这样的做法合适吗？

但是我国沿承了编户齐民两千多年的户籍制度，也不能说废就废，所以为了平息劳动力输出的内地区域的愤怒，沿海地区一般得给内地政府一些财政转移。此外每年从一线城市逃离的那些人还可以带一部分钱回到自己家乡的小地方，所以这么多年尽管一直在谈取消户籍制度，但是并没有做出根本性的改变。

说到这里，新的问题又来了：上海为什么又愿意接纳这些外来人才了呢？

搜索一下新闻就能发现，2022年不是上海第一次降低门槛，最近这些年，上海对人口的门槛总体是越来越低的。2020年曾大规模降低过一次，今年继续加码，不出意外的话，在2030年之前，大概率只要有大学学历，就可以落户上海。至于你在上海能不能买房、过得怎么样，那就是你自己的问题了。

为啥会有这种趋势呢？我想了一个新词，叫**"年轻经济"**，来解释这件事。

十年前，我第一次踏上美国的领土，就发现了一个问题。在美国的企业里，哪怕是在那些高科技公司里，工人的年龄整体是很均匀的。每个年龄段的人数都相差无几，比如一个十个人的项目组，五六十岁的人有两三个，三四十岁的人有三四个，二十来岁的人也有两三个。后来我去过新加坡以及我国的香港、台湾，也都发现了这个问题。只有在咱们这边，企业的员工都特别年轻，以至于我一度纳闷：年纪大一些的人去哪里工作了？

后来懂了，主要是我们的产业结构太低端了，只需要力气，不需要经验，而且劳动力资源太充沛，年龄稍微大点的人就被工作环境赶出去了。这也是以往大城市的核心策略，而且劳动力资源太多了，更划算的策略就是尽快轮动。

我曾经觉得，随着经济的发展，产业慢慢升级后，其复杂程度可能会倒逼企业任用年龄大、经验丰富的老人。如今十来年过去了，我发现职场和我一起变老了。以我司为例，当初我入职的时候，我们部门员工的年龄在二十七八岁，而今我已到了三十三岁的年纪了。跟同龄的其他人聊了下，发现大家的情况都差不多，可见企业的年龄结构也越来越老化。**一方面跟我国的人口老龄化有关系，另一方面也是因为我国的产业结构越来越复杂，开始从"精力依赖"转向"经验依赖"，经验就是时间的累积。**

这种趋势在工厂里不太明显，但是在稍微有点技术含量的企业里，已经很明显了。上海、深圳这样的改革开放一线城市，一直行走在我国产业线的前沿，以前是做低端制造产业，一茬一茬地收割年轻劳动力。后来低端产业逐步被淘汰，开始向高端产业转移，开始依赖具有脑力和经验的高端人才。在很多领域里，工作两年时间方算入门，而现在的产业结构又决定了现在需要更多经验丰富的中年员工。

但是在以往的生活模式下，很多人到了三十来岁的年纪，可能为了解决子女上学的问题，选择回老家生活，或者选择去容易落户的城市生活，这就造成了上海这样一线城市的人才断档和后劲不足。为了解决这些问题，上海这些年不断降低门槛也就正常了，好让这些本来想离开的人能留下来。

上海的事释放了什么信号？

现在，我国的另一个发展趋势也逐步明显起来。以前我们愿意说自己是制造业大国，但是近两年大家知道了工厂里的"牛马生活"后，很多人不再以此为荣。与此同时，我国也开始强调自己是消费大国，也就是今后经济要靠消费来驱动，**那么衡量一个城市今后实力发展的关键，就是看其消费力有多强。**

这点也比较好理解，消费力强，花的钱就多，花的钱就是大家的收入都高，生活品质也就都上来了。但是，消费这件事情很明显不能指望年轻人，年轻人能有什么钱财，还是得指望中年人。而且各级政府的财政压力都很大，解决政府财政压力的办法就是扩大税基。**新时代什么是税基？人才就是税基。**面对这种情况，那就不能大规模地赶人走了。

另外还有个众所周知的问题，就是房价的本质，其实也是个击鼓传花的游戏，需要不断地有新人进来抬轿子。而大城市的生育率眼瞅着崩塌得一塌糊涂，这时就急需外地的人口源源不断地输入进来。以前一线城市只留下拔尖的人才，这些年开始慢慢地向下兼容，需要的人口也越来越多。

　　由此大家不难发现一个现象：一旦经济基础发生了变化，上层观念也开始有变化，政策也会同步跟着变化。如今上海开始降低落户门槛，不出意外，其他城市很快也会跟进降低。如果上海户口都不再值钱，那么其他城市的户口更是一文不值了。

　　至于说为啥北京还在搞落户收缩，只能说几大一线城市北、上、深、杭（广），北京跟其他几个一线城市的发展模式完全不是一码事，思路也是完全不一样的。其他三个一线城市都属于"内生性""开放性"的，地理位置决定了其天生是做贸易的好出路，而北京一直都是依靠贸易输入。

　　东部沿海的那几个地方通过商贸崛起，从唐朝开始就是富裕地区，当然了，上海以前没什么存在感，深圳以前也几乎不存在繁华出众，但是它们所在的区域却已经富裕了上千年。更何况八百年漕运，一直都是从杭州那一带起向北方转运物资，足见那地方富甲一方已久。

　　而且在富裕地区，往往是环境随着观念相互进化。比如长三角和珠三角两地适合商贸发展，于是导致这两地的人天生对商业敏感，并且在商贸往来之中打开格局，再利用地理优势就很容易变得十分富有。 富有之后对商业讯息会变得更加敏感，然后进入一种稳定的正反馈时期。

　　这也是为什么历史上长三角和珠三角两地，虽多次在战乱中被破坏得严重，但等到重建之后又是富庶繁华之地。

可能有小伙伴会问：这样下去，会不会两个三角区把全国的优势给集中了？

也不用担心这个问题，大家去长三角区，肯定是因为待在小地方资源有限什么也干不了，还不如去沿海一线城市试试，说不定将来能把沿海一线城市的商业模式带回老家。事实上，我国过去这些年也是这么个发展历程，经济也一直在从两个三角区沿着内河和公路网向内陆辐射。

此外，内陆城市想解决人才外流的情况，应该想的是怎么创造良好的营商环境，怎么让年轻人感受到切实舒适的生存环境，从而不背井离乡去到他乡，而不应只是天天担心人口外流却什么都不做。

上海放宽落户这件事，可以看作是一个进步式的里程碑。

这也是我一直所说的，经济发展和商业活动最终会改变大家很多观念，户籍制度这种千年老皇历一直持续到现在，主要也是因为我国经济发展得还不够彻底，这种老制度还有它存在的土壤。

但是观察下最近半个世纪以来的变迁，我们就会发现从整体上来看是越来越放松的。随着上海降低门槛，其他城市（除了北京）估计慢慢也不会管了，户籍制度或许有一天将会彻底变成一个档案系统，慢慢跟它原本的目的分离。

不要等到
准备好了再开始。

提前充分
认识到了困难，

很多事情
根本没法开展，

大部分人
会被直接吓退。

CHAPTER 3

懂趋势：预见未来，这些事真正值得去卷

为什么普通人比富二代更容易创业成功

我国上市公司的富二代继承人们，不仅资源充足，而且人脉广泛，那为什么这些富二代继承了得天独厚的逆天资本，创业的成功率却没那么高呢？本文从这个问题入手，试图给大家剖析下创业成功为什么是九死一生的事情。

如果把中国的家族企业列个表，就能看出来初代的创业大佬们现在都已是七八十岁的高龄。互联网行业兴起得比较晚，所以互联网大佬们还年轻，五六十岁的年纪，所以接班潮要推迟个十几年。也就是说，中国的富二代们还没开始大规模地接班，只是在这两年才出现了零星的接班，所以中国这边富二代们接过初代的班后，情况怎么样还非常不明显。

以美国为例，美国现代的富豪崛起于1929年的金融大萧条之后，到现在二代们已经早接班了，从他们接班后的情况来看，大部分都不太理想。二代们大部分都脱离了管理层，把企业交给了职业经理人打理，富豪家族则处于食利阶层了。

美国的公司基本都是以创始人名字命名的，类似摩根大通、高盛、美林，以及已经倒闭的雷曼兄弟。现在这些企业的管理层人员已经不姓这些姓氏了，基本都是职业经理人，甚至董事会里的主要股东也不姓这些姓氏。

既然二代们接班后的后续发展都不顺利，那么谁来填充他们留下的空位呢？寒门子弟吗？当然不是了。从国外近几十年的实际情况来看，寒门子弟能一口气冲到上层阶层的人也有，但绝对是小概率，真正战斗力强悍的，恰恰是中等阶层家庭的孩子。**排名靠前的那些上市公司，其 CEO（首席执行官）中含着金钥匙出生的人非常少，贫困家庭出身的人更少，大部分都是中产阶层家庭出身。**父母的工作不错，使他们有条件接受良好的教育，起点相对比寒门子弟较高，一路奋斗就攀登上去了。

在很多媒体的眼中，高盛集团是可以呼风唤雨的神一般的存在，那我们就以高盛最近两代掌门为例，看看他们是什么阶层背景的出身。

现在高盛集团的掌门叫劳尔德·贝兰克梵，他出生于美国纽约中等偏下的家庭，父亲是邮局员工，母亲是一家公司的接待员，他从小就到处卖汽水，后来成功申请到哈佛大学并获得了奖学金。毕业后他找到一份税务律师的工作，后来跳槽加入了一家小公司，这家公司后来被高盛合并，他也因此被高盛大佬看上，最终成了高盛的接班人。

在贝兰克梵之前的那位高盛掌门叫亨利·保尔森，也是布什总统任期内最后一任财政部长（美国总统在任期内一般会有不止一任财政部长）。在2008年经济危机的时候，他主张政府出台救助措施干预经济的恶化，因此共和党给他的外号是"共产主义者保尔森"。

保尔森出身于巴林顿山的一个中等农场家庭。巴林顿山是一个特别特别小的小镇，只有约4000人口。保尔森后来进入达特茅斯大学学习，获得英语语言学位，后又进入哈佛大学商学院，获得哈佛大学MBA学位。从哈佛大学商学院毕业后，保尔森一脚迈进五角大楼。水门事件后，他加入高盛芝加哥分部，从银行业务助理做起，一直升任到高盛董事长兼CEO。

美国投行和对冲基金经理，无论是初代还是后来的掌门，大部分都出身于中等家庭，比较高级的就是律师家庭，包括我经常提到的瑞·达利欧，他也是中等家庭出身，并不是富二代背景。

再比如显卡行业两位大神——黄仁勋和苏姿丰，苏姿丰现在是AMD的CEO，黄仁勋是NVIDIA公司的创始人兼CEO。他们都出身于台湾的中产阶级家庭，苏姿丰的父亲是统计学家，黄仁勋的父亲是工程师。

所以就整体而言，初代大佬和其继承者们，绝大部分来自中等家庭。 那么问题来了：二代们的继承问题出在哪里？中等家庭又有什么优势？

首先当然不是娇生惯养这类问题，"生于忧患而死于安乐"

这个道理连普通老百姓都知道，那些精英大佬能不懂？所以他们一般都尽量会送子女去顶级贵族学校读书，贵族教育也比较严格。

其实主要问题就在于"企业经营"这事本身就非常不稳定。很多人惯于把大企业跟大朝代相比较，事实上这两者根本不一样。王朝霸业有"创业之主"和"守成之主"一说，因为新朝代建立之后，第一件事就是垄断武力，如果把这件事做成了，谁要是敢造反就杀谁全家。而且在国家机器面前，除非是占人口比例大多数的农民活不下去，否则造反是非常非常难的事情。

企业就不一样了，真正的企业家其实"永远在创业"，就算是垄断企业，长时间范围内也要担心被突然冒出来的竞争对手给覆灭了，最明显的案例就是当初诺基亚的手机业务，以及柯达的胶卷业务，几乎一夜之间就崩溃瓦解了。

再比如，英特尔在2021年就不太好过，遭到了AMD和苹果的挑战，压力非常大。我们现在看到的腾讯和阿里，日子过得也不那么舒坦，腾讯和阿里也一直在自我革命，不断推出新产品。马化腾说过，如果他们推出的微信晚一些时候，情况就会非常麻烦。百度这些年一直没推出新产品，一直处于低迷阶段。

说到这里，大家就明白了，**家族企业继承人最难的地方，就在于"富二代不是创业者"，而只有创业者才能带领公司继续往前走。**

创业这事本身就是九死一生，一般阶层创业更是地狱级难度，二代们相对来说在容错成本低的情况下会容易得多，但这也只是提高了一定的成功概率，并没法彻底改变游戏的规则，只是把成功率从千分之一拉高到百分之一，虽然看着好像是上升了一个数量级，但实际上依旧非常低。

一个真正的创业者肯定是在走一条周围的人都不太认可的道路。很简单，如果周围人都认可了，那红利期肯定也过去了。**所以作为创业者，首先最基本的能力就是能在别人的质疑中前进。 不过别人的质疑往往也不是没有道理，质疑中的困难往往也都存在，只是绝大部分人只能看到困难却看不到前景。**所以，创业者需要有更高的眼光在更高的维度来看待这些问题，并且能够积极主动地去规避别人提出来的那些创业陷阱。

富二代们最大的问题就是周围都是马屁精，说真话的少之又少，一般都是把富二代们往死里吹捧，时间长了富二代们就会有种错觉，觉得自己的智力优越到万事无所顾忌、无所戒备，导致该避的坑一个都避不开。这一点无关智商，纯粹就是人性使然。人都想听顺耳的话，只是对于普通人来说，没有人惯着你，听点刺耳话反而让你有了警戒、谨慎、敬畏之心。

此外，绝大部分商业模式都是"平民模式"，也就是你的商业产品是要卖给普通人的，如果你不了解普通人的需求，最后生产出来的东西也就卖不出去。富二代们往往缺乏"基层视角"，理解不了基层人民到底需要什么产品。比如，王思聪曾经质疑充电宝租用模式，我能理解他为啥质疑，事实上开车的人群都能理解他，车上就可以充电嘛。但是中国的现状是大部分年轻人并没有车，有车也没法开着去逛街，他们就需要这款产品的租用模式。

由此可见，"市场需求"这件事的本质不是"你觉得"，而是需要你去捕捉大家到底需要什么，这时候就需要你深入生活去观察市场需求的痛点。

最后，一种商业模式能不能运行起来，最关键的还是要打一个"成本－收益利润差"，这就要求创业者疯狂压低成本，想尽一切办法地压成本。富二代们普遍以为只要砸钱就行，而砸钱出来的模式有个大问题就是不可持续性，如果迟迟实现不了"自循环"，一座金山砸进去很快也就没了。而且摊子越大，消耗越快，前期可能五年消耗一个亿，到后来可能一个月就要消耗一个亿，到最后一个月能消耗五个亿。这种消耗都是在加速崩溃。

那为啥中等家庭出身的孩子在这方面存在优势呢？

首先是这部分人的人口基数比富二代们大得多，对局面的影响也非常大。在基数足够大的情况下，再给予点机会，这部分人就很容易冒出头来。基层人民基数虽然更大，但是机会又相对少得多，这一点大家估计都有感觉，比如优秀的学子，在相对落后的非洲求学跟在北上广等一线城市求学，结果的差异可想而知。再比如，如果你父母的条件不错，在大城市有学区房，你就有可能考入 985 院校，相同的条件要是到了美国，你就有可能进入常春藤名校了。

上文提到的黄仁勋和苏姿丰，当然都是天才，但是，如果他们出生在贫穷落后的边远山区，很有可能中学毕业后就无法再继续学业了，但幸好出生在中国台湾中产阶级家庭里，可以上好学校、进大公司，人生一路开挂，最后成了"华人之光"。

此外，中等家庭子弟跟富二代们相比，更加具有烟火气，也更加懂得这个社会，跟底层子弟相比，又拥有相对多的资源去接受教育。 之所以是中等家庭，就是其父母也接受过高等教育，并且具有一定社会地位，知识广泛，阅历匪浅，一部分路径父母可以帮他们直接铺平，一部分经验父母可以直接传授给他们，无须重蹈覆辙就可以站在他们父母的基础上往上攀爬。他们凭借着这方面的优势，不断地向上冲击。

社会已经慢慢进入了一种流动性变差的状态，就跟沥青似的，越来越稠。不过这并不代表它没有流动性，从欧美国家那些稳定社会体系来看，流动性依旧有，就是非常慢。从草根攀升到上层的神话越来越少，一步升天变成了主要靠"特殊技能"，比如当歌星，或者当体育明星，再或者在其他方面有极高的天赋，反正得靠"变异"，而不是正常发展轨迹。

但是还有一种"接力赛"模式，就是每一代人都往前多走一步，比如用一代人熬成中产，下一代人在中产的基础上再往前走一步，以这种模式累积资产资源，后代递进概率大涨。

这也是我理解我国要坚定不移地推动城市化发展，并且坚定推动扶贫行动的原因，本质还是让"机会下乡"。 毕竟在乡村环境中，接受教育的机会，以及开阔眼界的范围等都会受限。几十万人才能支撑起一个博物馆，一百万人才能支撑起一座歌剧院，人口少的地方就算有网络视野，眼界也会因人口素质不高而依旧狭小，导致很多人有潜力却没办法释放。我一点都不怀疑，在中国的基层地方还有无数的黄仁勋和苏姿丰，只是在其潜力还没有被释放的时候，人生就已经没有了选择。

中国庞大数量的人口库，如果不能释放人才潜力，那就只是单纯地增加养老负担和各种失业人口；如果能充分释放人才潜力，那就是全世界最大的资源库。 所以从国家层面上讲，最重要的事情就是通过扶贫、推进城市化和提高教育公平等手段，让更多的人有机会加入竞争的行列。从个人角度上讲，最重要的事就是尽量在城市里生存生活，这代人每往前走一小步，下代人的机会就能跨那么一大步。

很多事都是
经过漫长积累，

然后一飞冲天的。

前期发展
是线性的，

后期发展
是指数级的。

想摆脱低端内卷，唯有提升产品力

首先得说一句，如果有人在德国待过一段时间，就会知道，德国生产出来的产品并非都好，只是我们在聊起德国的时候，总能想起奔驰和保时捷这类工业界的明星企业而已。不过这不是今天话题的重点，今天还是要重点反思下我们自己。

只有老实迭代，才能打造极致产品

在文章的开始，先给大家讲一个我亲身经历过的事情。我还在读大学的时候，有一次院里请来了一位国内著名的软件公司负责人到学校里演讲，他就讲到了一件我当时觉得很厉害的事情。

他说，他们公司的软件在服务器上线后，有个内存泄露问题，但泄露速度非常缓慢，差不多一个星期才能泄露完一次内存，到时候服务器就会重启。如果那个时候你恰好正在玩他们的游戏，就会出现"服务器不在线的状态"，过一会儿服务器重启完就好了。这个问题也不是解决不了，只不过需要很大的人力去排查代码，成本非常高。后来他们的技术骨干想了一个办法，说是每隔六天的凌晨，在这个时间点上，就主动重启一次服务器，这样既不影响业务（一般凌晨还在线的用户比较少），又可以给公司节省一笔排查代码的费用。

当时大家就非常感慨，这么一目了然简单的解决方案，为什么自己没想到，大神就是大神。很快地，我毕业进了一家公司，而这家公司在业界已经基本没了竞争对手，无论是在海外还是在国内。工作了一些时间，我才意识到在大学里听到的那个故事的毒性有多大，到底是多么懒惰的人，才会想出来这样的办法，也只有低级的作坊，才会干出这么缺德的事情。

稍微高级点的作坊会怎么做呢？只有一个办法，就是不惜代价、不计成本，把这个问题解决了，并且把经验推广，避免今后再出现这类问题。

很简单的道理，你做任何一个产品的整个开发过程，其实就是一个个"设计—开发—发现问题—解决问题"的过程。现代的产品还有个更重要的特性，就是需要不断地迭代更新，本来只是开发了一个简单功能的产品，后来客户有了新需求，就得根据需求更新改进产品设计，以至于到后来新的需求越来越多，过几年就变得几乎看不出来原本产品的模样了。就好像手机最早只能打电话，后来能发短信，再后来功能越来越多，到现在很多功能都能用，唯独打电话的功能用途非常少了。

或者好比是在盖楼房，盖好了第一层，就得确保这层不能有任何质量问题。**如果是在一个残次品的基础上不断迭代，最早**

的那个问题迟早会变得不可收拾。所以，一旦从一开始在一个星期崩一次时不去解决问题，到后来就极有可能严重到每天崩五次，那这个产品基本就是个废弃产品了，谁还会再使用？到最后几乎可以确定的是，需要花当初好几倍的代价去解决当初的那个问题。

再深入一点，那种复杂的产品，比如火箭，每个部件都需要打磨到恐怖的精密程度，因为如果每个部件的精密度差了一点点，集合在一起就成一堆太空垃圾了，根本没办法成功发射。所以十分令人反感的一点是，有些人长期以来饱受这类毒鸡汤文化的荼毒和困扰，把各种偷奸耍滑当成为人处世的本事。

再后来，我发现上边说的这些情况还只是第一个阶段。**到了第二个阶段，我发现，责任心固然重要，但是在工业生产时代责任心只是一部分，最关键的还是流程。**毕竟我兢兢业业无比认真地写代码，就能确保不出任何问题吗？当然不能，这时候就需要专业的测试人员来进行技术测试，再通过闭环流程追踪测试出来的问题，这样即便技术人员哪天懈怠了，不再像以前那么兢兢业业，也照样可以保证产品质量，这就是流程驱动。

到第三个阶段我发现，其实最关键的还是经验丰富的大神对系统进行的改进。比如，一个产品设计之初，因为设想得太少，到后来发现其扩展性太差，没办法迭代更新，要是想继续研发就得推翻重做。

这理解起来或许比较费劲，那不妨来看看我这些年参加过的几次重构项目。什么是重构项目呢？比如，要设计一栋五层楼房，一开始就准备好了一定预期的冗余量，即便将来在上边再多加五层也没问题。但是随着时间的推移，慢慢发现一开始的设想太保守了，现在需要加至一百层。于是只好把之前已经建好的楼层全部推掉，重新设计和重构，吸取经验，为新楼的建设做充分的准备，甚至要准备好将来在楼层之上再叠加一千层的可能性。这种操作就需要顶级大神来操盘，大神们不仅要能力强，还需经验丰富，才能胜任这种工作。

回到本文之初的话题。我亲身经历过，我们公司的产品跟德国公司的产品竞标事件，最后德国公司的产品不仅在我国没竞争过我们的产品，甚至在德国本土，也竞争不过我们的产品。客观地讲，其原因就一个：我们公司跟德国公司使用的是同一套开发流程和标准，我们公司也可以把质量提得非常高，最后产品还便宜。事实上，中国所有能用实力打出品牌知名度的公司，走的都是这条路。

至于为什么我国很多品牌比不过德国品牌，咱们可以从下面几个角度来思考。

发展时间太短

德国工业的神话其实出现得非常晚，德国早期也是依靠山寨起家的，为什么说"也"，因为所有的后起国家，包括德国、美国、日本，都是如此。并且毫不隐讳地说，现在的我国，在初期也没什么出路，只能靠生产山寨产品起家。

大家注意下，很多企业、个人都是一样的，初期的赚钱窍门是复制而不是改进。 你把别人能卖出去的东西复制一遍，再结合自己的优势，比如人工便宜或资源便宜，能卖出去就赚钱了。

甚至都不需要完全复制，只要去生产差不多的产品，功能和质量达到别人的 80%，但是价格只有别人的 30%，就能卖出去。如何能做到这么便宜呢？人力成本低，这样生产出来的产品价格也就低，从而形成价格优势。这时候，尽管产品的质量不怎么样，但是也能卖出去。

这也是为什么大家经常说，中国主要供应给西方中低端产品。其实我国生产出口的东西，国外基本都有对应的高端品牌，但是那些产品太贵，以至于西方国家的大部分老百姓也不想消费，所以就买中国货。

德国有段时间疯狂抄袭英国人，生产出来的东西质量太差，后来英国要求德国，其生产出来的产品都得标注"Made in Germany"。曾经，这个标志只是工业垃圾的代名词，但是现在，它已演变成产品质量的保证。

日本也是一样。日本车为什么能快速占领美国市场？主要还是因为价格便宜，并且质量比美国车还要好。等积累够了资本，日本再向高端产业领域突破，也就有了雷克萨斯这样的自有品牌。

所以，无论是日本还是德国，都用了几十年的时间，才慢慢从山寨走向了高端。但是，他们之所以能做到这些，前提还是他们的发展思路是对的，也就是坚持质量理念，在产品慢慢深入人心后，再开始打造品牌，最后赢得市场的认可。

我国企业也一样，不出意外的话，接下来高端品牌会越来越多，在国际上能打出局面的品牌也会越来越多。因为路径就在那里，只要扎扎实实一步一步走，以客户为中心，不糊弄、不抖机灵，把流程思维融入到企业运行中，再加点运气，总会有出头之日。等出头了，故事随便你讲，什么工匠精神，什么传统技能，什么文化因素，等等，总会有无数人愿意听而且愿意传播出去。

大家可以观察下，我国那几个现在已经出头的公司，奋斗过程都差不多，基本上就是我上文说的这个逻辑，勤勤恳恳做技术，不断迭代，用流程来保证质量，除此之外，基本没有别的什么好办法。只是这些都需要时间，而且是漫长的时间。

企业死得还不够多

这件事虽然很残酷，不过也确实是事实。

大家有没有想过一个问题：为什么整个西方发达国家的企业管理模式都差不多，尤其是大型跨国公司，基本都大同小异，但是穷地方的企业管理却各有差别，什么奇葩理念都有？

这不是什么西方优越论，而是西方发展得早。比如，某个公司突发奇想搞出了什么革新，在取得了一点优势之后，这个革新很快就会在整个行业里扩散，到最后大家都发展得差不多。因为大家采取的都是最优解，你不这么来，很快就会被行业给甩开。

从某种意义上讲，我国的很多企业之前过得太舒服，因为以前我国的人力资源实在是太便宜了，打得国外低端产品市场根本没有任何还手之力。所以，大部分企业也不太在意质量和管理方式的缺陷，毕竟这些弊端完全可以通过廉价劳动力来解决。就比如，很多企业对质量严格把控的兴趣不大，在生产成本上则是怎么省钱怎么来，这种现象也是建立在如下这种畸形的价值观念上：企业主觉得就算是出问题，将来也可以通过廉价劳动力不断加班来补偿问题的损失。

欧美学者有个断言，说欧洲之所以有工业革命而中国没有，是因为中国当时的人口资源太多，有什么事砸人力顶上去就可以了，根本没必要发展机械工业。毕竟，任何机械和新发明都会因为找不到应用的地方，而最终归于湮灭。**虽然现在我国人口下降带来了一些坏处，但同时也预示着一个更加尊重劳动者的时代诞生了，这才是更加健康、长久的人才道路。**

充裕的人力虽然是我国崛起的一个重要力量，但同时也造成了大量企业对人力的滥用，只有在人力资源不足的时候，大家才会通过复杂的工具和流程来仔细控制成本。

今后，企业慢慢地就不再比拼那些低端产品了，低端产业也会彻底拼成红海，谁都赚不到钱。到那个时候，质量、品位、迭代性等特点，才会成为低端产品的核心竞争力。企业不想灭亡就得谋出路，最后万物归宗，自然会走向极度重视质量的路线上。这点没什么民族性可言，基本是市场经济的一个必然发展方向。

在这个过程中，大量不合格的企业会消亡，同时又有大量的新企业加入，落后的观念就这样被淘汰了。此外，很多人喜欢提的一件事，就是人家生产的产品之所以质量好，是因为工人的工资高、待遇好。其实仔细想想，我们就能发现这是个"鸡生蛋，蛋生鸡"的问题。

以我国现在的制造业收益水平，支付的工人工资注定高不到哪里去，尤其是在我国以前人力资源非常充裕的情况下，工资很难提高上去。凡事总是因为稀缺才涨价，无限供应的话，哪里来的议价空间？当然了，如果不是因为人力成本低，发达国家的投资和产能也不会到中国来。

理解了这点，我们就知道，想要"改善工人待遇"基本只有两个办法。

一个是要做出属于自己的独立品牌，我们要自己吃掉所有的附加值（现在很多产业的附加值全被欧美国家吃掉了，中国只是赚个辛苦钱），只有企业赚了钱，才能给工人改善待遇。

另一个就是不要有那么多的工人，这一点其实很关键，但我看提的人很少。很多人觉得只有高端产能才能提高工人的工资待遇，其实大家去看看稍微高端点的生产线，就知道普通工人干不了那些事情，普通工人最好的出路还是去服务别人。

当工人的数量供大于求的时候，工资自然就上不去。那工人应该何去何从呢？从发达国家的情况来看，社会涌现出城市中产阶层后，自然需要大量的人去服务。比如：饭店需要大量的厨师；理发店需要很多的理发师；中国人均医生和律师很少，所以接下来可能会有一次大爆发；此外还有拍摄短视频的、去互联网大厂工作的，以及形形色色的服务人员。事实上，现在这些人的平均工资比去电子厂打工要高得多。

不少人可能会觉得，理发师能有什么出息呢？其实理发师的天花板是很高的，房产中介们都知道，北京很多互联网公司员工都买不起的房子，就是被有些理发师买走的。**在大城市里，细分门类的头部都有着非常非常高的价值。**

现在有太多人感慨年轻人不愿意去工厂，其实这也是市场的一种自发配置，年轻人可以不去工厂就能得到更高的工资，说明我国已经发展出来了一个巨大的第三产业。工人的数量没那么多，就可以极大地避免互相压工资的情况发生，工人待遇自然而然也会因此得到改善。

说到这里，肯定会有人问：德国是怎么解决这个问题的？德国也是从咱们现在的状态走过来的，只是德国发展起来后，把附加值高的产业留在了国内，同时又把在海外赚到的钱回流到德国，比如中国就有大量的德国企业。

更关键的因素是，德国人口少，只有 8000 多万人口，自然可以发展成福利国家，工人的待遇也就不那么糟糕了。此外，德国还有那么多有钱人，吸收了大量的人口去从事服务行业，为有钱人和中产阶级服务，这样工人的工资就不至于被压得太惨。

说组数据可能会吓大家一跳。据德国联邦统计局统计，2021 年德国全年平均就业人数 4491.8 万，同比几乎持平。其中，农业就业人数 56.3 万，制造业就业人数 1069.4 万，服务业人数 3366.1 万，占总就业人口的 74.9%。

其实，德国的工人数量并没有多少，也正是因为蓝领少，所以工资能上去。我知道很多人可能不会信服这个说法，不过将来发展的趋势是，制造业的规模越来越大，但是工人的数量会越来越少。今后体力劳动者去服务脑力劳动者就可以了，制造业不会需要太多人，需要很多人的制造业工人收入也不会太好。

至于很多人念念不忘的那种"一辈子在一个岗位"的情况，无论是德国，还是日本，都喜欢这种终身雇佣的模式，一个萝卜一个坑，这是这两个国家发展的优势，但也会带来其他巨大问题。原因很简单，技术革新太快了。特斯拉刚从意大利进口了一个 6000 吨的压铸机，它可以将 Model Y 后底板一体化压铸成型，接着柏林工厂就放了一个 8000 吨的压铸机，后续整个行业很可能都会向它们看齐。尽管这个生产线上的工人在这个岗位已经做了几十年，接下来很可能就需要改行了。在变化这么快的时代里，追求稳定本身就是奢望。想着一辈子做一件事，你就不担心你做的那件事会消失吗？

用产品给用户洗脑

用产品给用户洗脑，最明显的代表就是丰田霸道这个车系，买了车过几年还能加价再卖出去，作为一个消费品也够匪夷所思的。

用变态的质量理念打造出来的产品本身，对用户就有一种洗脑的作用，让用户不知不觉中就忽略了它所有的毛病，或者不认为那些毛病算毛病，这就是产品力。

再回到本文，德国产品走出了山寨货的格局后，进入了极度在意质量的时期，从那时候起，经过长时间的累积，产品逐渐开始对用户有了一种被极度认可的洗脑效果。

到如今，最明显的就是汽车市场。虽然不是全部，但是也有不少人无限迷信日本车的品质，觉得日本车毛病少、油耗低，甚至有个口号叫"没钱买思域，有钱换凌志"，就是不买其他品牌的汽车，甚至认为德国车和美国车就是垃圾，就是收割智商税的。同样地，在一部分德系车主眼里，除了德国车，其他车全是工业垃圾。

产品对用户的这种影响进一步扩散到了手机领域，有些人纯粹是苹果粉。而在另外一些人眼里，苹果产品确实不错，不过有一部分费用是智商税。

大家可以观察下，苹果和安卓手机都有粉丝，甚至罗永浩的锤子手机都有粉丝。只要产品质量过关，有自己的风格，时间长了就会对用户产生影响，只要坚持以市场为导向做下去，慢慢地，各种关于产品的神话也就随之而来了。

兼顾质量和创新的发展之路

随着我国越来越多的公司有了质量意识，不再疯狂地依赖成本优势，慢慢地就会走出现在的这个模式圈子，一部分公司首先会脱颖而出，然后更多的公司也跟着冲出去，"中国制造"也能成为高品质的代名词。

在我看来，我国接下来肯定要走两种路径，既要修复之前被"毒鸡汤"毒害的心灵，把质量意识灌输到这一代人的脑子里，又要鼓励突破，给年轻人和梦想家机会，除此之外没什么好的选择。

碳排放和我们普通人有什么关系

"碳中和"实行的背景

可能有的读者不是太清楚到底什么是"碳中和",所以在正文开始前,我先给大家稍微解释下这个概念。

所谓"碳中和",一般是指国家、企业、产品、活动或个人在一定时间内直接或间接产生的二氧化碳或温室气体排放总量,通过植树造林、节能减排等形式,以抵消自身产生的二氧化碳或温室气体排放量,实现正负抵消,达到相对"零排放"。

现在科学家们一般认为,地球温度再上升二摄氏度,人类就可能自灭了。地球温度上升,冰山开始融化,海平面就会上升,这首先会淹掉沿海地区,而且会出现极端天气,比如极端高温之类。在过去的一千年里,地球温度都比较稳定,但在最近一百年里,地球温度突然上升了一摄氏度左右,而这个时间正好是在人类进行工业革命的时间。

地球温度上升到底是不是人类造成的,尚有争议。我查阅了很多学术论文、文献资料,说什么的都有,其中不少学者信誓旦旦地认为就是人类导致的,也有学者认为地球的温度一直是这样变来变去,并且有其周期性。不过在古代有一段时间,地球的温度确实比现在的高,那个时候气候比较温暖湿润,我国的黄土高坡还被绿色的植被覆盖着,河南还有大象。

在我国处在工业上升期阶段,发展工业必然伴随着大量的碳排放,而降低碳排放量,就意味着降低工业发展速度。但是现在,我国环保态度已经发生了大转变,主动降低了碳排放量,保护环境。

个中原因并不复杂,就是我国已经基本实现了工业化,要开始转型了。 而且,高举环保大旗,说不定还可以防止制造业回流西方。我国近几年承诺,要在2030年实现"碳达峰"目标,也就是在那一年碳排放达到峰值;在2060年实现"碳中和"目标,也就是从这一年开始,中国工业和居民生活排出去的碳容量,都要自己通过环保措施吸收掉。为了做到这一点,我们就需要开发清洁能源和发展绿色工业,在降低碳排放量的同时,再多种树扩大绿化,把二氧化碳吸收掉。

"碳中和"为什么势在必行?

首先咱们来回顾一下历史,大家体会一下几个发达国家到底是怎么完成交替的。

当初把信用和压低成本发挥到极致的荷兰,在大航海时代迅速第一个崛起,却没能顶住负债经营模式而落了下风。拥有大量殖民地的英国，通过反复进攻扩大殖民地掠夺，并且爆发了第一次工业革命，最后成了头号强国。而随着美国和德国换赛道，发明内燃机以及发展电力，第二次工业革命兴起，英国很快落后，在二战后彻底让出霸主地位。美国由于同时押注核能和计算机，并在20世纪90年代开始开发互联网行业，从此彻底领先世界一个身位。

大家可以看出，**每次弯道超车的发达国家，既有对原来体系的继承，又有对原有系统的突破。**"碳中和"的规则体系也是一样，如果2001年前我国开始严格执行，比如超过规定碳排放量就加收税款，那就是要绞杀我国工业经济的发展。道理不复杂，在那时候，"碳排放权"就是发展权，我国发展的那些重工业，以及代加工业，多是高碳排放量的产业。我国碳排放量迅速上升的那十几年，正好也是我国经济快速增长的那些年。

如果那个时候就开始实施"碳壁垒"政策，比如某个产品耗碳量超标，就得追加关税，本来制造业利润就微薄，如果再加关税，那就很难快速积累到原始资本，从而导致我国的工业水平可能就被锁死在一个低门槛档位上，后面很难翻身。

现在这种可能也不是没有，在可以预测的未来，"碳税"基本是不可避免的。**碳排放量大的企业如果不尽快整改，很快就可能出现赚取的钱财还不够交"碳税"的局面。**而碳排放量小的企业通过出售排放指标，也能赚得盆满钵满。比如特斯拉，2020年仅靠出售碳积分就赚了15.8亿美元，关键是特斯拉在这一年的净利润也才 7 亿多美元。

大家可以想想，特斯拉出售碳积分获得的 15.8 亿美元是赚了谁的钱？显然是买特斯拉碳积分的那些公司的钱。这些公司的碳排放量太高，所以要去买碳积分，这就相当于另一种形式的"碳税"。对于那些碳排放量大户，"碳税"就是个催命绞索，不出意外的话，这根催命绞索可能会绞死一些国家的低端制造业。

此外，大家可以再思考一个问题：为什么我国从事互联网行业相关的工作人员的工资那么高，而从事制造业相关的工作人员的工资普遍非常低？原因在于最关键的两点：

第一点，传统制造业最赚钱的两个部分，也就是研发和销售，都不在我国，我国只是赚了个代加工的辛苦钱。 而互联网行业的研发、生产、销售，都在一家公司内部，其收入可不就高？

第二点，原料问题。从去年开始，大宗都在疯狂涨价。什么是"大宗"？就是产品原料。 我们生产出来的产品，不仅要给研发人员分利润，要交专利费，还要给原料费，最后自己所剩的利润也没有多少了。举个例子，联想看着好像卖了不少电脑，但是并没有赚到钱，本质上就是利润都给上游 CPU 和显卡供应商赚走了。联想作为一个集成商，中间根本没有什么利润可获得。此外，能源也是成本中特别大的一部分。

把这些问题综合起来看，不难发现，我国接下来最重要的事情就是尽快选个方向、换赛道，并且要进入新赛道的深耕模式，做到领先其他国家。那还有什么领域能比能源领域更适合做这种大换道的操作呢?

新能源之战，我们如何突围?

能源的重要性自然不必多说，当初美国正是在国内发现了大量石油后，才成了轮子上的国家。大家需要注意的是，美国很早之前就是石油国，在沙特阿拉伯还不是石油国的时候，美国已经是了，甚至沙特阿拉伯国内的石油也是美国石油公司探测出来的。

但是我国却没有这种好运气。在刚刚改革开放那会儿，我国一度还打算挖石油换美元，再用美元换德国和日本的机械设备。不过这个想法很快就被证实行不通，因为我国并没有那么多石油。后来通过出售稀土，以"市场换技术"，才勉强凑了一些基础资金，从德、日两国购买机械设备。

但是随着工业的发展，一个新的能源逻辑思路出现了。以前大家理解的"能源"，都是从地底下挖出来的那些，比如石油、煤炭等等。但是等到我国工业能力空前提升后，国内的很多企业开始给国外的企业生产光伏板之类的产品，于是一个新的逻辑思路浮出水面——能源不一定要挖，还可以造，而且制造业不就是我国的强项吗?

其实刚开始的时候，我国只是负责组装光伏板，没什么技术含量，原材料和技术都是国外的，产品也只能销售到国外，所以这种模式也叫"两头在外"。早期研究光伏发电最积极的是德国、美国、日本、瑞士、法国、意大利、西班牙、芬兰等国家，这些国家也是在做补贴研发措施。

2008年次贷危机之后，我国就开始集中火力研发光伏和电动车，这两者正好一个是处在上游能源端，一个是处在下游应用端。而处于运输环节的"特高压"，我国在2006年已经开始实施。

这三者结合起来，就形成了一个新能源产业的闭环：光伏负责生产能源，特高压负责运输能源，电动车负责消费能源。

这条道路现在看起来似乎是一目了然的，然而在过去的十几年里，光伏产业受到了无数的质疑和批评。一方面是因为早期有些企业声称研发光伏以骗取政府补贴资金；另一方面是因为光伏制造成本居高不下，而在当时大家并不能看出光伏到底有什么用。不过好在我国政府清醒明智，利用国际行业政策和国内市场经济前景，迈开两条腿走快速发展道路。

市场经济道路不在于难不难，而在于它本身就是一本账，只要一件事情从长期看能盈利，自然就会有人投钱去研发，研发出来的技术再怎么复杂，只要有利润，就会被持续改进、更新换代，迟早会变得便宜又普及。 如果说市场经济有什么伟力的话，这就是它的伟力。

但是市场投资有个弊端，就是这类大型项目的初始阶段往往需要很大的资金投入，短期内又看不到回报点，所以民间投资一般不会入场。这时就需要国家用财政推动一把，或者用"产业政策"扶持，让这类产业运转起来。等到盈利阶段，市场需求就会接管，随后随着需求的递进做大做强。

而且大家要有一种"奇点思维"，什么是"奇点思维"呢？**市场技术的发展有点像人类学习一门新技术的过程，一开始很痛苦，对于新技术的探索学习，神秘疑惑又充满未知，像是在充满迷雾的山里前行，但是等到过了某个节点，突然瞬间就明白了，犹如醍醐灌顶一般。**在工业领域也有这个逻辑，过了某个节点突然就灵感爆发了，豁然开朗，这种就是"奇点思维"。

举个例子，比如智能手机，在苹果发布 iPhone 4 之前，诺基亚等几个老牌手机厂家，已经研究了很多年的触屏手机，只是效果一直不太好。但是在苹果 iPhone 4 发布后，智能手机就直接有了爆发性的突破。同样的例子还有很多。

我国光伏产业现在已经完全做到市场化了，基本不用政府财政补贴就能运转起来。市场上的光伏企业已经处于能自己养活自己的阶段，并且每年装机量都在暴涨。光伏和电动车都已经跨过了"奇点"，这也是为什么这两年在资本市场上，这两类股票表现越来越强势。而且我国还有个明显的优势，就是一直以来说的"市场足够大"。市场大才能回收投资，才有继续研发下去的经费，而且容错和实验空间也足够大。

日本很早就看好氢能源的发展前景，从 20 世纪 90 年代就开始研发。二三十年过去，日本已经积累了无数的科技专利，导致其他国家很难绕过它发展氢能源产业。现在是什么情况呢？中国、美国，以及欧洲，这些拥有超大市场的国家和地区都选择了电动车产业，发展得有声有色；而选了氢能源的日本死扛了几年后，最近也开始不那么坚定了，氢能源龙头本田也宣布，从 2021 年 8 月开始停产氢能源汽车。

当然了，并不是氢能源这个资源彻底放弃不做了，氢能源也是"碳中和"的一部分。比如，今后我国也要绕过日本的氢能源科技专利，大规模研发氢能源卡车。因为重卡要长时间长距离行驶，如果仅以电池驱动，几十吨的卡车可能要装十几吨的电池，而用氢能源作为驱动力就划算得多。并且，以现在的技术水平，既然到处修加氢站比较困难，如果仅限重卡用，就只需修在高速路口，那么少量加氢站就能满足全部需求。所以，我国在这方面也在积极探索。

根据《中国氢能源及燃料电池产业白皮书》，氢能将成为中国未来能源体系的重要组成部分，预计到 2050 年，氢能在中国能源体系中的占比约为 10%，氢气需求量接近 6000 万吨，年经济产值超过 10 万亿元，这也将是个超大市场。

此外，为了实现"碳中和"，我国可以加大研发替代能源，那西北地区广阔且荒凉的地带就会成为源源不断的"超级大油田"。 到时候我们只要进口少量石油就可以满足自需了（我国每年也能自产约 2 亿吨石油），毕竟塑料之类的化工材料还需要石油资源。

到时候输送能源的工具，也不是传统的油轮和石油管道，而是特高压输电网络，相对会便宜一些。西部地区可以承接大量的工程项目，而这些工程项目同时也能提供大量的就业岗位。比如政府工作报告里说，要把新疆建设成国家的"三基地一通道"，而"三基地"就是大型油气储备基地、大型煤炭煤电基地、大型风电基地。今后西部地区就是我国乃至全亚洲的能源中心。

还有更新颖的能源业务，比如有这样一则新闻，戈壁滩被光伏板挡上后，太阳照射减少，土里水分流失也减少，后来竟然长草了。再后来当地人不想拔草，于是在光伏板下放羊，这羊就叫"光伏羊"。

此外，如果石油不再像现在这样是人类工业的血液，那"石油美元"体系也很快就站不住脚了。如果我国能成为世界上最大的发电国，那我们也可以新建一个"电力-人民币体系"。

研发强国之路

当然了，眼前的困难并不算什么，咱们要把眼光放长远，大家可以想象一下，发展十年后将会是什么情况。

事实上哪怕是五年后，各位再回头看我的这篇文章，也能深刻地体会到，我在本文里的所有预测可能都过于保守了。

引用政府工作报告中的几个数据，现在风电和光伏发电量已经占到整个社会用电量的 11% 左右，国家计划到 2030 年把这一比例提高到 25% 左右。其实按照今年的发展速度，想想就觉得这个提速比较保守了。至于电动车行业的发展速度，更是不可限量，保守估计可以达到 35% 的渗透率，续航能力也有望在几年内突破 1000 公里。

而且大家也都知道，电动车其实是个被软件定义的产品，今后的智能模式也越来越像手机。比如，电动车在高速公路上的自动驾驶模式可能很快就会实现，到时候就得提供点其他好玩的技术模式，新的需求也会随之而出，最后这些需求可能会压过原本的需求。就好像现在手机安装各种好玩的 App 一样，最初的打电话功能就不怎么运用了。**所以，未来的电动车能源产业，天地广阔，大有作为，到时候足以养活几百万的研发人员，可能跟互联网似的，能间接创造上千万个工作岗位。**

对此可能有小伙伴又开始纳闷：会不会过于乐观了？现在存在的技术障碍依然非常多，这些技术攻关过程会不会非常困难？

大家先想想另一个问题：为什么现在有些行业的工资就是上不去？一个关键原因就是这些行业的技术研发都在海外，我们用的是人家现成的科学技术，我们充其量只相当于一群操作员，收入能上去就怪了。为什么大家经常说华为、腾讯的工资高？因为这两个大厂的技术都是自己研发的，研发人员的工资当然高了。**还是那句话，你看着可能是技术障碍，别人看着可能是激发潜力的悬赏令；你只是看到了问题，而别人更深度地看到了商机。**

所以，有太多人一边抱怨我国不创新，一边又对我国企业攀登技术高峰没啥信心，这就不像是成年人的思维方式了。**我国期望"碳中和"带动产业转型，就是为了避开西方那些已经研发得很成熟的专利技术，这样我们才需要去研发自己的科技专利，既可以养活技术人员，又可以设置专利封锁，到时候也可以高价售卖专利技术了。**这并不是随口瞎说，光伏和特高压这两种新能源科技，我国已经做到了头部高位，目前国际市场上流通的特高压的技术手册和业界标准，都是从中文翻译成英文的。

如果大部分的技术已经是研发成熟的，那八九不离十我们又在给国外打工了。而今后的趋势是，光伏、特高压和电动车，这些新一代能源产业技术的研发和生产，都牢牢地把握在了我国手里。

所以不要怕技术问题难解决，趋势才最重要。有太多人说我国生物学、化学工程与工艺、环境工程和材料工程四大专业的毕业生找不到工作，希望国家安排就业，而本文讲到的这些前沿科技领域，今后都将大规模地迭代研发，这就意味着将会有无数个工作岗位产生。

这方面国家做的事已经很多了，最后关键还是要看企业和个人。高耗能产业就不说了，都在抓紧做技术迭代，毕竟今后降碳就是省钱。有意思的是，互联网公司看起来跟"碳中和"这件事没什么关系，其实也早早地开始布局了。2021年"两会"的时候，马化腾还提了"碳中和"提案，建议优化科技企业（也是碳排放大户，而且今后的规模会越来越大）数据中心布局、加快绿色技术研发，未来估计会有更大的动作。

此外，**新技术的引入也可以降低全社会的生活成本。**咱们现在的基础设施相对完善了，出门坐公交地铁、骑共享单车都算是低碳出行。线上生态也比较绿色友好，扫码点餐和线上缴费这种就不说了，未来身边必须用到纸的场景会越来越少，低碳会是未来几代人的主流生活方式。

长期来看，"碳中和"不出意外是接下来十年最重要的事情之一，甚至是没有之一。因为能源这种事本身就是天大的事，应该跟十年前的互联网科技没什么差别。伴随着此事推进，必然会在现有基础上再诞生一堆伟大的公司，而且在这条路上我国是排头兵，要主动承担起研发的重担，自然也会吸收大量的从业者。

本想说这对投资也是重大利好的事情，又觉得很容易误导人，因为大家一旦看出一个行业将来势头很好，就会集体冲进去，在短时间内把股价拉爆，这就叫"抱团"和"一致性"。这种疯狂上涨迟早会因为什么风吹草动而停滞，并出现暴跌，大家去看看芯片方面的股价，对此就会有深刻理解。股价趋势问题不大，但总是大起大落，可能钱还没赚到，心态先崩了。不过有种说法是，定投碳积分可能是下一个投资商机。

说了这么多，主要还是顶层规划最后要落实到每家公司和个人身上，还得从我们自己做起，人人在日常生活中少一些碳排放，十四亿人的总和就是个天文数字。微信之前推出了一个"碳中和"的科普公益小程序，大家可以用它来了解一些相关的专业知识。

我国后续肯定要出台相关落实到个人的政策，奖励那些在"碳排放"方面做得好的组织和个人。浙江那边已经在开设"碳账户"，按照平时的行为习惯给各个账户充值，最后落实到相关政策扶持上。比如，最近有些地方特价新房摇号就要查看社保年限，交社保时间越长越有利。按照国家现在研发"碳中和"的积极性，"碳账户"数值可能也会纳入评估体系。

总之，在接下来的一些年里，"碳中和"会直接或间接地深刻影响无数人的生活。事实上就在这几年，它已经催生出上下游几百家大型公司和几十家上市公司，几百万人参与到项目当中。关键是这才刚开始，接下来的几十年，新能源和新科技会催生出更多的新技术和新思想，这些都将一点点地重塑我们的生活。

马斯克和 SpaceX 凭啥能成事

为了写这篇文章，我去航天院找我以前的同事聊了一下，他已经干到了高级工程师，担任系统工程师，对火箭理解得非常深。

相信大家和我一样，对美国太空探索技术公司（SpaceX）的实力感觉很魔幻：一家公司怎么突然间就成了航天巨头？

我那个同事没直接回答我的疑问，而是给我看了下他和他十三岁的儿子最近在干的事——他俩在家组装了一个火箭模型。尽管那是个火箭模型，但是真正火箭有的那些部件一应俱全，什么涡轮机、燃料罐、冷却室、燃烧室、矢量喷口、通信单元等，而且可编程可遥控。唯一的毛病是没有燃料，不然这火箭真能飞起来。

这让我很惊讶。因为在我的印象里，这些东西只有大学实验室里才有，我的第一反应是他把航天院里那些废弃的东西拿回家给他儿子玩了。他看出了我的疑惑，说他玩的那些零件，没有一样是从航天院拿回去的，事实上也不可能。

他说国内的某宝已经发展到可以买到所有的火箭配件了。当然了，那些东西并不是给火箭用的，只是它们逻辑一样，可以通用。然后他把那些零件组合了一下，打磨了下接口，组装在一起，就成了。关键是那些零件非常便宜，而且有不少是他在二手交易平台上淘到的，更便宜，攒齐那些零件没花几个钱。他还说，他有个同事和自己的儿子从某宝上买了各种配件，竟然拼了一架无人机（这个并不难，B 站上就有相关视频）。

他感慨地说，其实马斯克做的事跟现在他做的事差不多。马斯克最大的优势就是美国那边火箭零件和材料随处可以买到，而且那些零件非常成熟，故障率极低，还便宜，这种优势是其他国家无法提供的。

带着这个理解，咱们再过一下 SpaceX 走过的历程，相信大家看完会有更深的体会。

造火箭，可能没你想的那么难

说起 SpaceX，必然会想到马斯克，而人们对他的第一反应就是，他是商业航天的领军人物，甚至不少人以为他是第一个这么干的。当然不是了，在马斯克之前，已经有不少人在干商业航天了，只是普遍做得不咋样。

马斯克从事火箭事业非常晚，大概在 2001 年。他在卖掉 PayPal 前后那段时间，成了个没啥事干的亿万富翁，于是去参加了一个民间组织"火星社团"，从那时候开始和航天结缘。马斯克加入之后，说是要去火星搞个温室种菜，大家觉得没啥新意，几十年前就有人这么想了。出乎大家意料的是，他说要去俄罗斯买两个火箭回来，下次火星离地球近的时候就发射（火星离地球最近的时候约 5500 万千米，最远的时候超过 4 亿千米），然后就去了俄罗斯。大家这才发现他竟然在玩真的。

那趟旅程并没有谈成交易，但有个广为流传的说法是，在从俄罗斯回美国的飞机上，马斯克做了个表格，把火箭每个零件都单列出来，然后标上价格，最后一算，发现火箭的原材料只有火箭售价的 3%。而马斯克之所以能做到如此，是因为他自学了《火箭推进原理》和《天体动力学基础》。其实，对航天行业稍微有点了解的人都知道，这个说法是胡编的，因为科学和工程是两码事，而工程和市场又完全是两个世界。这有点像大学教通信的教授不管多么精通通信技术原理，他也不一定知道那些通信设备具体卖多少钱。

航天行业还有个麻烦，就是那些业务都是 B2B 的，也就是公司卖给公司，价格什么的不会发到网上，不是业内人，很难知道报价。后来有 SpaceX 非常早期的离职员工说，那个表格是马斯克在一个航天发烧友的博客上下载的，那个人以前是轨道科技公司的科学家，干过采购，离职后一直在博客上给大家普及航天知识。现在看来，这人多多少少启发了马斯克。

说这些，并不是想否认马斯克的厉害，而是恰好相反。**其实大家混江湖时间长了，就能发现"方法""理论""思想"什**

么的都不值钱，很多一事无成的人谈起道理来也头头是道。关键是敢选中一个方案，然后承担风险，投资资金和时间一直走下去。马斯克最牛的地方，就在于他看见什么东西，就敢大胆地去做，一边做一边学，总能在匪夷所思的地方闯出一条路。

从俄罗斯回来后，马斯克很快找到了对后来 SpaceX 起到关键作用的一个人，就是汤姆·穆勒（Tom Mueller）。这人是个技术天才，从小迷恋火箭，大学毕业后进入了天合汽车集团，在公司负责火箭引擎的研发。他在自家车库里搞了一个 80 磅的火箭推进器，可以产生 1.3 万磅的推力，它被誉为世界上最大的由业余爱好者制造的液体燃料火箭推进器。

马斯克很快通过圈里人找到穆勒，跟他深入沟通后，证实了之前的想法——穆勒既了解火箭，又了解火箭零件的价格。马斯克当时套现退出了 PayPal，有两亿美元现金。最后两人一拍即合，马斯克出钱，穆勒负责组团。依赖美国成熟的商业航天产业，他们很快就招聘到了对业务很熟的工程师，这些人知道火箭需要什么配件，也知道去哪儿买。2002 年 6 月，SpaceX 在洛杉矶上线了。

马斯克的"太空电驴"

对于一个刚成立的小公司如何在波音、洛马那样的巨头中活下来，其实体现了马斯克的真正洞见。马斯克在公司内部做过一个演讲，认为现在那些超级公司的火箭运力是极度过剩的。

其实国际上很多传媒公司、大学，甚至公益机构都想发射卫星，虽然卫星不值钱（便宜的卫星只需要五六万美元），但是火箭非常贵，因此很难将想法付诸行动。如果开发一种便宜火箭，专门接这种被超级公司筛掉的单，也可以混下去。

这就相当于你想点麻辣烫，但外卖小哥都是开着卡车送10吨以上的外卖，你叫一份麻辣烫，但要付一辆卡车的运费，因此你只能作罢。那如果有一种小而廉价的交通工具，虽然每次送不了多少外卖，但好在灵活，可以多次配送，这样一来，你只需支付半个烧饼钱的运费，就可以得到一份麻辣烫了。你说，那种小而廉价的交通工具不就是个电驴嘛。

对，马斯克要开发的就是"太空电驴"。

恰好马斯克又在美国，因此这个想法有了实现的可能性。那为啥很难想象在别的国家创建SpaceX呢？

因为其他国家没有成熟的太空零件市场，即便你成立了公司，你也买不到你想买的零件和材料。如果全部自己做，一方面成本会高到崩溃，另一方面没经过迭代的零件，稳定性也有问题，根本没法用在火箭这种对精度和可靠性有极高要求的产品上。

美国有很成熟的太空零件市场，几乎所有的太空零件都能买到，即便买不到，也可以找公司定做，只要把需求描述清楚，那些公司都可以做出来。尤其重要的是，这里可以买到大量复杂的控制系统软件，如果你要自己开发这些软件，那估计得搞到下辈子。

有些确实买不到的零件，也可以买原材料自己做。大家要知道，那些太空材料在其他国家非常难搞到，但在美国很容易。先在电脑上建模，然后用车床和铣床自己弄。当零件备齐后，把这些零件整合在一起，反复测试性能，这才是考验工程师能力的时候。后来穆勒也说当时出了无数问题，不过团队里的人都是火箭专家，一一都解决了。

说到两年内攒了个火箭发动机，国内很多小伙伴自然而然地觉得SpaceX不可能有这样的技术，肯定是NASA（美国航空航天局）送的。其实如果了解美国，就知道根本不用那么麻烦，直接买就行了，以当时SpaceX的体量，NASA看不上。

可以说，SpaceX以大学生攒电脑的方式攒了一台火箭发动机。 不过需要注意的是，刚开始那些零件都是买的，后来SpaceX壮大后，不断优化每个零件，自己做能省钱的就自己做，完全不让中间商赚差价。根据前几年的数据，SpaceX已经实现了60%的零件自给。

在SpaceX之前，各国生产火箭，都把火箭当成一个需要不计成本投入的东西，火箭上就应该用最好的，成本是最不需要考虑的。但是SpaceX不一样，在能用的前提下，能省就省，最招牌的就是把很多部件的太空金属换成了不锈钢，能不省钱嘛。

最夸张的是，SpaceX把火箭的计算机控制系统直接从1000万美元降到了1万美元，最后还通过了NASA的验收。这事听起来像段子，不过确实是SpaceX的高级项目总监戴维斯自己说的。

马斯克有个观点,他认为,相同的零件,如果一个是车上的,另一个是火箭上的,肯定是前者稳定性和可靠性强,因为前者是经历过无数消费者测试的,后者仅在极少数火箭上测试过。正是因为后者没经历过大量测试,所以才会堆叠大量的冗余,导致价格高得离谱。

2004 年前后,SpaceX 找到了第一个客户——美国国防部,它想发射一个小型卫星,但其他公司的火箭都贵得离谱,于是找到了报价最便宜的 SpaceX。

2006 年 3 月 24 日,SpaceX 开始第一次发射,不过这次发射很快成了个悲剧,火箭升空 25 秒之后就掉了下来,唯一的火箭发动机也摔了个稀烂,好在国防部的卫星没摔坏。SpaceX 用了一年又重新组装了一枚火箭,这枚表现非常好,一直上升,大家慢慢放下心来,然后又炸了。这时候公司的钱只够再发射两次火箭了,如果这两次火箭再炸了,那 SpaceX 肯定完蛋了。火箭又组装好了,在大家望眼欲穿的关切中,火箭缓缓升空,然后又炸了。

SpaceX 的员工怀着"明天就散伙"的心态又组装了一枚火箭,当时的资金只够做最后这次发射了。2008 年 9 月 28 日,SpaceX 最后一次尝试发射,如果这次失败的话,大家就只能去投简历找工作了。没想到这次竟然成功了。

在成立六年后,SpaceX 终于开张了。

SpaceX 是如何站稳脚跟的？

不知道从什么时候开始，马斯克有两个大胆的假设：只要能攒出一台火箭发动机，就可以攒九台；这九台火箭发动机并联在一起，装在一枚火箭上。拥有一台火箭发动机的火箭叫"猎鹰一号"，拥有九台火箭发动机的叫"猎鹰九号"。今后只要工业化生产猎鹰发动机就可以了，这样可以不断提高可靠性，降低成本。火箭需要大推力，就一直堆发动机，现在最大的"星舰"堆了 29 台发动机。

把一堆发动机放在一起，产生巨大的推力，这好像是明摆着的道理，可事实上，火箭发动机并联是一个世界级的难题。苏联和美国曾经做过多次实验，被炸到怀疑人生。因为火箭发动机并联真的是太容易出问题了，毕竟这就像让你连续投篮全中一样，非常难做到，任意一个发动机出点问题，整个火箭就炸了。

所以以前的方案是尽量不使用并联，为了增加推力，就得把发动机不断往大做，大力出奇迹，巅峰状态就是"土星五号"那样的巨无霸，接近 40 层楼那么高，把人送上了月球。苏联也研发出了类似的 N1 运载火箭。这个火箭测试过四次，都炸了，苏联本来想用这个火箭把人送到月球，但最后没成功。

很多小伙伴说，那时候计算机和人工智能那么弱，美国是怎么做到在月球降落的。也不复杂，那时候虽然没有人工智能，可是有人啊，飞行员开着飞行器起降，经验丰富的飞行员比什么芯片都好使。有点像日本的"回天"鱼雷，它之所以打得特别准，是因为鱼雷里塞了个人，做自杀式导航。

SpaceX 的思路也很简单，加了大量的检测芯片上去，又设计了复杂的算法，一旦检测到哪个发动机出现故障就把它停了，测试几次之后，技术基本已经成熟了。

此外还有火箭回收的问题。这似乎是明摆着的事，毕竟咱们出去上班，不会去一趟扔一辆车。可火箭重复使用在航天工程上是一件非常非常难的事，涉及回收中导航、姿态控制、热防护、推力调整、高空横向推进等技术难点，随便一点问题都可能导致火箭坠毁。

为了让火箭保持垂直下落，SpaceX 使用了栅格翼，这是苏联研发的，我国也在用，能增加飞行器的稳定性。也就是说，**SpaceX 不仅吸收美国的经验，还广泛吸收了全世界的经验。**

SpaceX 从 2012 年开始验证火箭回收的可行性，试验了四年，摔了六次火箭，终于成功了。由于不断地降成本，SpaceX 的"猎鹰九号"火箭单次发射成本约为 6200 万美元（马斯克私下表示还能赚 30%），而其他航天公司的同类产品单次发射费用则需要 1.5 亿到 3.5 亿美元。**不仅如此，SpaceX 的火箭发射成本还在急剧下降，重复发射次数越多，费用越低，因此，SpaceX 可谓火箭领域的"价格屠夫"。**

说到这里，就有个问题：SpaceX 这些招牌小妙招，包括发动机反复使用和多发动机并联，似乎是明摆着的事，初中生都能想到，为什么在 SpaceX 之前，那些公司都不去做呢？**其实并不**

是那些公司想不到，也不是不想做，而是存在超高成本和风险，尤其是风险，会压垮所有官僚组织的创新意愿。

干过研发的人都知道，任何创新都是反复试出来的，火箭更麻烦，是炸出来的。SpaceX 炸了三次要崩溃了，再炸一次就要倒闭了。如果在一个官僚化的组织里，炸三次领导就别干了。

所以，以前那几个大公司，比如波音和洛马一起成立了美国联合发射联盟公司（ULA），每个领导都支持创新，都支持锐意进取，可是任何创新都需要支付大量的成本，还有可能失败，失败了就得追责。所以，欧美航天也进入了"老头政治"状态，整体处于半停滞状态，计算机和半导体这些年大爆发之后，那些"老头"却极度抗拒把这些新技术应用到火箭上去，他们只接受自己年轻时候的东西，所有新东西他们都会抵制。

所以，巨头坚决不研发新型发动机，20 世纪 90 年代最后一台 RS-68 火箭发动机之后，美国就没有新型发动机了，可以说整个航天业都进入了老年状态。洛马的明星产品"宇宙神 V"和轨道科技的金牛座火箭，使用的都是俄罗斯的 RD-180 火箭发动机，没啥原因，就是便宜且稳定，不会出问题。

很多人说 SpaceX 是 NASA 的亲儿子，其实不是，波音和洛马合作搞出来的那个 ULA 才是，只是 NASA 对这个亲儿子越来越失望，也没办法。所以，在 SpaceX 以极低价格给美国国防部发射了一颗小卫星后，NASA 开始注意到这家小公司，并且一直在暗中观察。

到了 2008 年 12 月，马斯克因为现金流耗尽，彻底山穷水尽，天天在那里纠结应该关闭特斯拉还是 SpaceX。结果 NASA 送来了 16 亿美元的大单，今后由 SpaceX 负责向国际空间站送物资，此后 SpaceX 就彻底活了。

我们能创造出属于自己的 SpaceX 吗？

很多人一直在探讨我国在商业航天这块和 SpaceX 到底有没有差距。这个其实没啥可说的，确实有差距，而且不小。这一点大家可以看看咱们国家的一些院士的说法，还是挺清楚的。上文也说了，SpaceX 看着是家民营公司，但其实背后是美国积累了几十年的航天工业土壤。我们的航天工业发展的时间太短了，而且经费投入也没法比。

NASA 大约有 40 年是躺着的状态，但是航天相关的那些领域，比如控制、材料、化学、通信等，并没有停止发展，反而因为全世界人才流入而发展得特别快。

这有点像诺基亚和苹果的关系。在诺基亚发展停滞那些年，制造一台 iPhone 的技术已经全部成熟，是乔布斯把那些技术放到了一台手机里。**马斯克也是一样的，技术一直在前进，但是 NASA 和其他科技巨头都停滞不前，马斯克把最新技术重新整合了一下，塞进了火箭，经历了一段低谷期后迅速打垮了那些停滞不前的前辈。**

其实大家去问问航天领域的人就会发现，他们普遍对马斯克并没有多少恶感，普遍的看法是，马斯克让这个领域重新年轻了起来，又回到以前每隔一段时间就有点新进展的时期。此外还有更实际的考虑，迫于 SpaceX 的压力，我国是不是需要上马新项目，而有新项目就会提拔新人，增加经费大家就会涨工资。**可以说，特斯拉是汽车领域的鲇鱼，SpaceX 是太空领域的鲇鱼。**

还有不少人在争论"民营航天"应不应该搞，争论这个一点道理都没有。大家想想，如果我是个亿万富翁，有个航天梦，想招募几个牛人去搞点研发，替国家分担下科研压力，解决一些高薪就业，就算成不了，也不用花纳税人的钱，做成了，成果是社会的，没做成，成本是我自己的，钱赔完我自己倒闭，有啥道理不支持？

开放民营，从某种意义上讲就是让民间有想法的大神用自己的方法去试试，国家什么都不用做，只需要把他需要的东西卖给他就行了，多赢。 在这点上，我国有关部门想得很清楚，在 2014 年就已经开放了商业航天的准入门槛，也已经有民营企业开始搞了，今后我们也是两条腿走路，国家和民营企业一起发力。

所以说，不用整天担心 SpaceX 比咱们强，没必要，SpaceX 试过的路径我们也可以走，而且宇宙很大，不至于 SpaceX 进去了，咱们就没机会了。再说，我们国家的航天事业一直发展得非常稳，只是因为前期投入不足，还有些官僚主义，所以人才跑了一些。今后，投入跟上了，人才得到充分尊重，我们很快就能做得非常好。

不一定要用
最漂亮的方式
解决问题,

哪怕用
最笨的方式解决了,

也比没解决强。

被 ChatGPT 淘汰的人，
其实早就被淘汰了

ChatGPT 并不会大规模地影响我们的生活

我这些年发现的一个最明显的问题是，一些随手就可以通过搜索引擎搜到的东西，绝大部分人却在那里疯狂传谣。我一直震惊于大家为什么都懒得打开搜索引擎界面，随手输入几个关键词，就会发现跳出来的东西跟自己想的不一样，这样谣言不就不攻自破了吗？

后来发现事情没这么简单，大部分人害怕新东西，害怕看到的搜索结果跟自己想的不一样，所以干脆坚决不去用那玩意儿。更重要的是"目标描述"，你能说清楚自己想要查什么吗？用几个关键词来让搜索引擎知道自己想要什么更是一个稀缺技能。

这个问题现在又移植到了 ChatGPT 上，大家跟它聊几句，就能发现一个关键问题：你需要把自己想要的精确地描述出来，描述越简洁精确，结果可能就越清晰。ChatGPT 和传统搜索引擎一样有个弊端，即太多人在强大的工具面前不知道该如何描述自己想要什么。

现在 ChatGPT 引发的轰动，早期的搜索引擎也有过。你想想，一个搜索框能告诉你所有问题的结果，是一件多么可怕的事。不过后来的事情也很清楚，绝大部分人并没有从那玩意儿上收获多少好处。搜索引擎作为一种彻底公开的工具，对于多数人来说是无感的，只成了极少数人的利器。

这也让我想起来多年以前一个顶级技术高手跟我说过的话，他说有了谷歌，还上什么大学。这并不是吹牛，这人以前是学医的，后来在医学院混不下去了，靠着谷歌一直混成了技术大牛。这可能会让一些做开发的小伙伴难以接受，大家都是天天跟谷歌打交道的，但是不同的人运用工具的结果却相差很大。

这让我有个感触：**生活就像一个竞技场，每个人走到里边的时候，惊艳地发现里边摆着一堆武器让大家自己选，这些武器从木棍到机枪应有尽有。**令人不解的是，绝大部分人选择的是操作简单容易上手的菜刀，而不是有一定学习成本的机枪，最后的结果也很明显，看似公平的竞赛，最终因为工具的差别变成了一方单方面的挨打。

现实当然复杂一些，因为每个人并不是只有一种工具。这也就引出了一个很可怕的问题，"技术的公共性"和"使用者的不平等性"，类似论文库、各种教程，这些都是"大杀器"，在封建社会都是要被统治阶级派重兵把守保护的"国家机密"，如今却全部被无差别地展示给了普通人，但问题是绝大部分人硬是视而不见。

如果之前的那些东西并没有影响大家，一个ChatGPT又能有什么影响呢？**大概率是在过了这段时间的喧闹后，人们就会恢复平静，ChatGPT变成少数人天天在用的工具，绝大部分人非必要不会去碰它。**

ChatGPT本质依旧是个搜索引擎，只是做了二次加工。有些人拒绝搜索引擎，也是因为搜出来的一堆东西有自相矛盾的、有明显扯淡的，没法确认真实性。那ChatGPT的真实性又该如何保证呢？你就那么确认它说的是真的？因为它的信息源也是网络上的信息。事实上，这段时间已经多次有人发现它的有些东西说得也不对。这时候，之前的信息处理技能就又起作用了，比如交叉对比等基本搜索技巧，以及根据必要的常识来判断搜出来的东西有没有问题。

此外，我们经常使用搜索引擎就会发现一个问题：要想确认一个信息是不是真的，最重要的手段是不断地去上溯这个信息最早出处在哪儿，有没有论文支持。就算ChatGPT被大规模使用，这个问题依旧非常重要。

大家看出来了吧，**不管什么工具，最后还是得依赖操作它的人。**同样的工具，在不同的人那里用出来的效果可能会远远超过使用木棍和核武器的差别。

人工智能虽好，但你真的会用吗？

如今的 ChatGPT 如果像现在这样进化下去，过几年就变成了这样一个东西：对大部分人的生活不构成实质影响，人们该干啥干啥；但是和之前的谷歌一样，绝大部分人觉得它只是给生活提供了一点方便，只有一小部分人会觉得像得到了跃升技能，如同被插上翅膀，甚至能飞出大气层。这也是所有复杂工具的共同特点，它们没有主人，谁拿到、谁会用、用得好，就能给谁创造巨大的价值。

此外，**复杂工具还有个缺点——学习成本高，因此它在不同的人手里，使用出来的效果差距极大。** 事实上，一根木棍在不同的人手里威力也大为不同，更别说 C 语言、Java、相机、Photoshop、Maya 这些工具，有的人可以用这些工具创造传奇，但大部分人用这些工具搞出来的却啥也不是。所以，**没必要神化工具，但也不要小看工具，工具非常依赖使用它的人。**

至于工具会不会取代很多人力，主要看取代到啥程度。蒸汽机解放了无数人的双手，汽车解放了人的双腿，搜索引擎让你可以少翻几百本书就可以直接得到答案，计算机淘汰了无数工种，重型挖掘机一铲子下去等于几十个人一天的工作量，那这是不是就可以说工具能取代人力呢？

就拿人工智能来说，它发展到现在，说取代不了一些人肯定是不客观的。不过，如果说它能彻底取代人，显然也是不可能的。人只是站的位置越来越高。大家应该明白一件事，绝大部分人做的工作本身没意义，就是冗余本身。

我之前给大家说过一件事，就是我们的一个大神用了极短的时间解决了一个一堆人很长时间都没解决的超复杂问题。于是就有小伙伴问：那公司雇用这么一个人，是不是就可以节约 80% 的人力？

乍一想是这样，但在实际操作中却不可能。因为有太多琐碎的事务性工作需要有人去做，比如，设计文档、需求文档、测试报告等，总得有人填吧？无数的测试用例总得有人给部署实施吧？测试出来问题总得沟通回归吧？产品上线总得有人调试吧？既然都有这么多人了，那每个团队是不是都需要一个领导来协调，是不是需要行政人员给大家上社保、走报销流程？此外是不是还得有 HR 评估这些人是不是在认真干活，哪些人下一年该升职？

就这样，公司人数很快就爆满了，这也是为什么硅谷有句话说，大公司都是养老的，想干成点事得去独角兽小公司。科技领域越来越呈现出一个趋势，绝大部分人都是围绕几个关键核心在转。这有点像《三体》里的人列计算机，只有牛顿和冯·诺依曼在动脑，其他人出力就行了。

当初 Excel 表格出现的时候，很多人惊呼这玩意儿将会改变整个职场江湖，谁能想到它并没有改变什么，只是让工作变得更麻烦、更琐碎。"琐碎"是自动化的大敌，之前有个做服装的小老板跟我说，他想上一个机械臂，但是机械臂什么都好，唯一麻烦的是没法把一块稍微皱一些的布弄平，于是他又配了几个人专门伺候这个机械臂。

必须认识到的一点是，你的工作是"信息流"还是"思想流"。

我知道很多财经小编的工作就是把网上的新闻汇编一下，加几句不痛不痒的评论后推送出来。这种工作就是典型的"信息流"，迟早会被人工智能取代。因为人工智能比你快，还比你准确，更重要的是老板不用给它上社保，也不用给它养老。

但是，如果你面对的东西主观性很强，客户自己都不知道自己想要什么，或者需要大量的想法，这种工作在短时间内人工智能还不太能胜任。因此可以预测的是，ChatGPT 这类工具不但不会取代你，而且会成为你的帮手，跟你一起工作，类似搜索引擎那样。

保持开放，拥抱进化

可能有小伙伴会问：我国会不会在这方面始终落后西方？我的理解是大概率不会。技术最难的一点，其实是"可行性研究"，也就是不知道哪条路能走通。在方向不明的时候，如果全押某个路线，把所有资源投入那个方向，万一那个方向最终被证实是一条死路，那么下一个毁灭的就是你。而一条路一旦被证实可行，就很容易被模仿。现在的 ChatGPT 也一样，很快国内就会有突破，大家看着吧。

正因如此，美国才要限制我们训练人工智能的芯片，毕竟软件上挡不住，那就只能挡硬件了。这也是为啥美国要维持那种自由开放的氛围。美国的路线是各个公司各自突围，在各个方向上搞"低成本试探进攻"，让企业家去承担试错成本，这样就算这些公司出了问题，大不了倒闭就是了。

很多人说，难道美国做的就是对的吗？当然不一定，不过美国的做法其实就是进化论的模式。**进化是允许犯错的，事实上"错误"是进化必不可少的前提，可能当下的错误就是未来的优势，如今的皇冠却可能是下一个时代的累赘。**谁事先能知道呢？你不知道，因此只好允许犯错，允许多元发展，形成一个"选择池"，应对还没出现的场景。

作为后发国家，我们的集中力量办大事效果就很好，既然路线已经被证实可行，那么堆资源就行了。只是接下来就比较麻烦，因为一旦突入无人区，还真没有比进化模式更好的办法。

现代科技这东西，并不是很多人想象中的某个天才的突发奇想，它需要一套完整的研究系统、常年的大规模投入，循序渐进地一步一步走。一旦一个地方有了突破，就加大投入。**可能一个发现背后是成百上千的失败，这些失败的科研人员可能比成功者还要优秀，投入的资源更多。**有时甚至就是需要无数人把不能走的路都走一遍，然后才能找到可行的方向。

本文主要想说的，还是"技术的不平等性"，这种不平等恰恰隐藏在平等的表象下。很多工具其实我们大家都可以随手接触，但绝大部分人从来没真正玩明白过，更别说从中赚钱什么的。

技术越进步，这种鸿沟拉得越大。倒也不仅限于 ChatGPT，还包括能让普通人翻盘的很多工具，它们其实就在我们身边，比如英语、计算机、搜索引擎、无数的教程等，但绝大部分人熟视无睹，还有不少人在那里反对这反对那，恨不得把一切外来的东西当垃圾扫出去。

不过也没什么好办法，毕竟在现实世界里，有些人连阅读长文的能力都欠缺，你再要求他们使用复杂工具，简直是强人所难。我们唯一能做的，就是自己平时主动去用这些工具，不断提升自己在这类工具使用方面的技巧，把新工具应用到自己的工作和生活中。

如果改变不了趋势，那就尽量让自己站在趋势那一边。

技术革新痛点太多,但我们必须主动拥抱

机器人替代人力是必然趋势

2014年,我参加了一家公司的培训,那个讲师是人工智能科学家,他说当初我国加入WTO,一度封死了西方机器人产业。

原来早在20世纪,欧美劳动力太贵,但它们对于把工业产能转移到中国还有疑惑,欧美资本家多多少少觉得这么做有点不保险。所以,面对产业工人成本上升,西方最早采取的措施是大规模地研发机械臂等技术。

后来中国加入了WTO,几亿农民进城,以西方工人工资的零头接收了大量的产能。既然找到了一个巨大无比的廉价工人池,那些研究工业机器人的公司惨了,中国工人比他们的机械臂廉价得多,这些公司没了订单,随后大规模倒闭。这也是为什么大家在十几年前就经常能在电视里看到的机械臂,这些年反而感觉并没有普及。

那些研究工业机器人的公司什么时候又重新活过来了呢?其

实这事的节点是富士康职工连续出事那段时间，富士康开始思考用机器人替代人工，毕竟再怎么压迫机器人，它都不会出问题。可是进展非常不顺利，虽然富士康投入了巨资，但是这些年效果非常差。因为手机平板里类似芯片主板什么的高度集成模块，已经是流水线上全自动完成，全程几乎不需要人工参与。

人工主要负责最后的组装部分，这部分非常烦琐，几乎没有技术难度，工人甚至可以不带脑子，只需要一双手，本来也没有多少成本配额。如果用机器人，对机器人的要求又太高。并不是机器人做不出来，而是成本太高，比人工贵得多，因此强行使用根本不划算。但是，随着中国用工成本不断提升，开发机器人和人工智能已经不再是富士康的想法，而是整个工业界的共识，因为中国溢出的产能规模谁都接纳不了。

更关键的是，产业最需要的是稳定的环境，不稳定的环境不适合做买卖，所以并不能到处转移产业。

在这个背景下，人工智能产业和工业机器人产业又拿到了巨额投资搞了起来。最近几年终于出效果了，之前看到过一个新闻，江苏昆山市委宣传部说，富士康已经利用机器人技术，将昆山工厂的员工人数从11万减少到了5万。昆山市政府还表示，包括富士康在内，2022年有35家台企在人工智能技术上投入了40亿元。

事实上，不只富士康、联想、小米等，也都在搞熄灯工厂，也就是整个工厂里全是机械臂，不需要工人，没日没夜地干。最突出的应该是特斯拉上海超级工厂，对外声称整车制造流程智能化，机器不用休息，失误率几乎为0，所以特斯拉的成本可以一降再降，随之车价也一降再降，特斯拉几乎成了"价格屠夫"。

2022年，我国装备了30万台工业机器人，全世界一半的机器人都卖到了中国，同比上涨了15%。大家可能觉得，30万台也不多啊。可是这玩意儿是不休息的，基本上1台可以顶3个工人，30万台，那就是1年大约可以替代100万工人，今后每年保持10%以上的增长率，10年后就能替代几千万的劳动力。

更别说还有大量不那么明显的机器人。比如，越来越多的停车场已经在搞无人值守；再比如，银行、超市都更新了最新自动结算系统。这些都会节省大量的劳动力。**可以说，就在最近几年，工业机器人和人工智能技术大规模替代人力已经成了必然。**

人类社会为技术进步付出的代价

参考下科技史，我们就知道上文的估计依旧太保守。无论是蒸汽机、汽车，还是后来的个人电脑，一旦价格到了某个临界点，产品功能性也达到了某个标准，那么就会出现爆炸性的增长，很快就渗透到社会的每个角落。

问题是，技术从来也不是技术本身，还附带着大量的社会学属性。比如，技术的大规模应用会不会导致工人失业，对社会整体到底是好处多还是坏处多？

参考之前的工业革命就能明显看出来。英国在工业革命之后国力迅速增长，很快拥有了世界霸权，但是这种霸权是建立在对原有秩序毁灭性破坏的基础上的。早期英国的制造业依赖的是有一技之长的工匠，这些工匠经过长年累月的积累，手艺非常精湛，也因此进入中产阶层。

但是在工业革命后，机器带动机器搞生产，只需要一部分修理机器的机械师，其他人站在机器旁做些机械动作就行了。这就导致原来的作坊纷纷倒闭，而工厂并不需要手艺太复杂的工人，工人只要能做几个机械动作就行了。为了降低成本提高竞争力，工厂开始大规模地雇用童工，大幅延长工作时长，也就是孩子把父母的工作抢了，一家人竟然要靠孩子养活。

这里就有一个关键问题需要解答：**那些从旧产业里淘汰下来的人，最终怎么办？答案是绝大部分没法办**。这些工人很难再进入新产业，就好像燃油车工厂关闭了，工人们能去电动车工厂上班吗？说不定也可以，不过要求的技能完全不是一码事，如果是工程师，大概率得回炉重造，因为现在的电动车更需要的是计算机相关的技术而不是汽车相关的技术。

从历史上的经验来看，新技术造成的代价往往需要一代人去慢慢消化，大家想想当初东北下岗的人就知道了。这也是为什么日本一直保留着大量僵尸企业，有些公司虽然根本没有任何效益，但是一旦破产，里边的人就没了出路。为了这些人的生计，这些僵尸企业靠着银行救济一直勉力维持，几乎没有任何活力。

回到本文话题，在工业革命之后，欧洲出现了惊人一幕：少量资本家更加富有，绝大部分人更加贫穷。这也导致了后来风起云涌的工人运动，工人们要求降低工作时长、提高待遇，一直到一战之后工人的地位才重新好起来。

由此可见，技术并不是永远带来好处的。技术总是在大幅地提升全社会效率的同时，让大部分人的利益受损。这些人在利益受损后起来闹，于是社会制度跟着发生变革，达到新的平衡。 所以，技术进步不仅仅意味着生产力的提升，还会导致阶层的起落、社会制度的变革，以及观念的巨大革新。

说到这里，大家可能会说：既然这么惨，咱们可不可以避免技术进步？维持现在的状态挺好的。

事实上是不行的，日本为什么成了那样，三十年没什么进展，大家分析了各种原因，关键原因却很少有人说：日本的老百姓极度反感变革，对稳定有种近乎变态的渴望。每次都是混不下去了，才咬牙变革一次，然后就不再向前，在那里精雕细琢，形成一个极度稳定的状态。

事实上，美国和德国后来超越英国，在某种程度上也是因为英国对新技术采取保守策略，美国和德国通过内燃机和电力革命，挑战了英国的传统地位。比如，英国军舰一开始并不想换内燃机，尽管内燃机有无数好处，因为英国是蒸汽机时代的霸主，想一直玩蒸汽机。可是对手不惯着它，德国最新下水的军舰全部换上了柴油驱动的内燃机,英国人这才慌了,也给军舰换装了内燃机。

跟英国一样,由于新产业巨大的变革和极其高效等特点,美国那边最先掌握这些技术的人纷纷变得富可敌国,比如洛克菲勒和卡内基等人就是那个时代的神。但同时,美国工人的境况也发生了大幅下滑,由此引发了汹涌澎湃的工人运动。

从这个意义上讲,我国加入WTO后能发展那么快,本质也是因为我们起点低,往哪个方向发展都是进步,所以无论是改革,还是应用新技术,阻力都非常小。如今为啥说进入了深水区呢?因为现在已经形成了大量的既得利益阶层,任何改革都要伤及一些人的利益,他们当然不愿意。**也就是说,上一个时代的王冠,往往是下一个时代的累赘。**

对于这一点,我们其实体会很深。比如,我们曾经最看重的无疑是国企的一个编制,但随着后来经济体制改革,面对新技术、新管理的冲击,陈旧低效的国企成了累赘,于是有了下岗潮。再比如,曾经很多人做梦也想有一个店铺,一直收租金,才有了那句"一铺养三代",但是在移动互联网崛起后,店铺受到了前所未有的冲击,大量贷款买店铺的人成了超级韭菜。

不出意外,大家现在珍视的很多东西,再过一些年将面临重新估值。在接下来的智能革命中,受到冲击最大的,无疑是我们的制造业产业,几乎要经受"重塑"级别的变革。此外,人工智能也会影响很多低级白领,比如最新发布的那个ChatGPT,

虽然取代作家比较难，但是取代那些财经小编跟玩似的。以后无论是手速还是准确性，人都不如人工智能。

但是就整体而言，新技术会重塑格局，却不会对格局有太大的改变。

比如，在第一次工业革命前，英国已经是当之无愧的海上霸主，工业革命只是让它拥有了半个世纪绝对的领先优势；第二次工业革命爆发在当时的世界第一经济强国美国，而不是非洲或者亚洲。**也就是说，技术革命只会爆发在底子很厚、市场规模极大的国家，而不是随便某个国家。**

下一次智能革命也只能如此，其中一个国家在智能革命中取得优势后，可能会在一些年里拥有领先优势，但其他国家立刻就会跟上。

如果无人工厂发展成熟了，那么它们只需要电、土地以及其他资源，到时候美国辽阔的国土优势就显现出来了，制造业回归可能也就不再是问题。但是大家也要意识到，这个世界并不是零和博弈，就算美国制造业重新崛起，也不代表我们就要完蛋。因为产业是依赖上下游的，并不能一起跑。此外，制造机器人和维护那些机器也需要大量的理工科人才，这方面我们有优势。

更关键的一点是，"吸引制造业"跟打仗不是一码事，更像是在"找女朋友"，你不能总想着控制别人，应该做的是建设更文明、更法治、更和谐的环境，吸引别人在你这里安全地赚钱。如果你做好了，别人在你这里能赚钱，他怎么会转移呢？过去四十年我们为啥有这么大的发展，很大的一个原因就是超级稳定的内环境，让产业资本安心建厂。今后我们只要坚持这一点，就不用担心制造业都跑了。

我们为何不得不坚持技术革新？

接下来的机器人革命也好，智能革命也罢，肯定会塑造一堆"新神"，绝大部分人在短期内可能是利益受损的，因为大家都得接受变革的冲击，需要调整，而调整永远是痛苦的。

但是，国家层面新技术的应用往往会让国力迅速提升，由此肯定会带来大规模的失业，大量的产业工人被取代，这些工人只能去服务业。这就有点像当初农业机械化的普及，无论是百年前的美国，还是最近几十年的中国，农民都迅速减少，然后进城变成工人。如今美国2%的人口就搞定了他们巨大无比的农业产业。随着智能化的普及，工人们还有一波迁徙。

问题是，一个产业工人，从制造业进了服务业（端盘子、送快递、写代码、搞金融都是服务业），可以去做软件开发或者金融吗？显然不行，大概率是去端盘子、送快递等门槛很低的服务行业。

这时候又出现了一个更关键的问题，社会经济发展是需要购买力的，而机器人大规模取代人力必然会导致购买力下降，因为机器人是不领工资的，而开发机器人的工程师又太少。

我们知道，自从工业革命之后，产能一直是过剩的，稀缺的从来就是购买力。也就是说，尽管你生产出来的东西既快又好，可是没人购买的话，也得烂在仓库里，到时候欠银行和原料商的钱还不上，你照样得倒闭。**这也是为什么说，经济危机都是过剩危机。**

中国之前发展得这么快，主要也是因为西方有购买力，我们生产的东西通过外贸卖给外国人，收到回款之后扩大产能。如果机器人大规模替代工人的话，必然的结果就是工人大规模失业，尤其低端岗位的工人。如何安置这些工人也会是个大问题，当这部分人没了收入，购买力又从何而来呢？

美国某总统候选人对此问题提出的解决方案是给大企业加税，补贴给老百姓。初看觉得这人信口开河，其实仔细了解就能发现，他的说辞背后有一套严格的逻辑，并得到很多经济学家的支持。

他的意思是，大公司雇用那么点人，生产那么多商品，赚那么多钱，长期看可能是有害的。因为如果老百姓没有工作、没有钱，大公司生产出来的那些商品卖给谁？商品卖不出去，大公司最终不也得倒闭吗？此外，穷人多了也会引起社会动荡。

事实上，各国现在都养着一群闲人，欧洲就不说了，福利社会，日本也有一堆僵尸公司，哪怕我们身边，大家肯定也认识几个人，他们的公司根本没有任何业务，他们也每天去上班。

机器人革命会导致很多人失业，但是少数公司会变得富可敌国，最后只能由他们出钱养着那些没工作的人，不然大公司也别想好好赚钱。当然了,这种"供养"也不可能让你过得太爽,只是维持一种凑合活下去的标准,你要想过得好,还是得自己想办法。

文章写到这里,结论其实已经很明显了。

1. 智能化和机器人的大规模普及,基本上不可避免。

2. 无数人的利益会受损,少部分人变得更富、更强。由于整体效率提高,国力也会大幅提升。机器人的大规模使用会导致工人失业或者降薪,但是我们的制造业反而会更强。

3. 变化既然没法避免,就该去拥抱,而不是回避。我国现在每年用掉的工业机器人占全世界的一半,今后只会更多。今后成本下降,效率上升,可能会在一定程度上抑制制造业外流,但是工人被替代几乎是不可避免的。

4. 国家虽然可以通过推动利益转移来弥补一部分损失,但对很多人来说,转型依旧是很痛苦的,尤其是这两年刚毕业的人,一进入社会,就面临一个急剧变化的世界。技术变得太快对社会是好事,对个体则不是啥好事。

不过也没什么办法,只能是持续学习,不断适应。**毕竟,这世界唯一不变的,可能就是变化本身了。**

CHAPTER 4

找机遇：看清现实，在不确定中找到机会位

为什么越来越多高精尖人才愿意学成归国

过去我国的人才流失为何严重？

我国最近一轮人才流失是在改革开放后，当时刚刚打开国门，大家看到外面的世界和我们的相差实在是太大，以至于在精神上有些崩溃。

那时候最值得炫耀的事，就是家里有个亲戚在海外。如果亲戚有大钱，可以回国来搞投资，这种殊荣我们现在仍然是没有办法想象的。如果亲戚情况一般，但是可以通过渠道给国内买电器产品之类的话，尤其是电视机、录音机，也能让人振奋好久，成为周围邻居羡慕的对象。

在这种时代背景下，很多人疯狂向往国外的生活，有不少人会托亲戚关系远赴海外。到了20世纪90年代，奔赴国外的人群规模更是大到了极点，当时我国的名校毕业生，最好的出路就是出国，出了国哪怕是在实验室里养耗子，都不愿意回国。

那时候有句话：如果没出国，就是在出国路上。西方各个国家也看上了中国这片洼地，希望中国能够敞开国门供应自己的人才，把中国最好的科技人才全部吸纳走，这样中国基本上也就被锁死在科学技术层次很低的状态上。

我国政府一开始是很抗拒人才出走的，而且比较谨慎，当时是"按需派遣"，也就是派出去的留学生是政府负担相关的学习费用，但是学业完成之后得回到祖国来。因为很多人当时并不愿意回来，所以也就出现了一件早年很常见的事情，不仅外出读书的留学生们跑，教授也跟着一起跑。比如，一个学术交流代表团出去访问，队伍当中突然有人就消失了，随后再发个声明说不回来了，这种事情在改革开放初期算是稀松平常。

当时美国也持续通过政治施压，要求中国彻底对外放开留学生，所以在1993年，我国明确"支持留学，鼓励回国，来去自由"的出国留学工作方针，不再阻拦大学生出国留学，于是"出国热"在全国迅速升温。

其实站在个体的角度来看，这个问题也不难理解，且不说当时人民币和美元的购买力的差距本身就大得离谱，单是很多在西方稀松平常的东西，无论是吃的喝的还是用的，到了中国就属于高级的东西，差距实在是太大。像麦当劳这种西式快餐在国外算是路边摊（现在恢复了它本来的地位），但是三十多年前在中国，它无异于米其林餐厅。

所以，我国出国前往海外的那部分人，心态都非常稳。到2002年，也就是我国加入WTO的第二年，数据显示出国与归国人数比一度达到了 6.94：1，也就是每 7 名留学生中仅有 1 人回国。

当时有太多的人在担心中国未来的发展问题。本身中国的科技就差着美国一大截，优秀的人才又都让美国抢走了，那我们是不是真的就没有发展的出路了？

这个问题是没有答案的，当时的人们也想不出来怎么回答这个问题，不过我国的态度还是很明确的，名校毕业生们不可能都出国，哪怕很多毕业生出国后留在外面，我国财政部门也依然要投入教育成本，不遗余力地培养人才。

对于个人来说，选择出国留学本身也是个理性的抉择。那时候，如果你是名校毕业，最好的去处主要是国家政府机关单位或者是国家企业单位，这些部门的收入都不是很高。当时民营企业的发展趋势还很弱小，也不怎么发展科学生产技术，主要做的可能就是把国外的一些落后技术倒腾到国内来卖。所以，如果你是研究型人才，毕业之后不想去国企单位或者政府机关单位，那你可以选择去的地方真的不多。

那出国那部分人在美国生活得怎么样呢？

整体来说是挺一般的生活，尤其是考虑到出国华人主要是中国当初最精英的那批人，发展得还不如在东南亚的华人。 如果大家有海外生活的经历，就能感受到，华人，尤其是以前的华人，普遍太内向，这一点在国内可能还不太明显，但是到了国外就特别特别明显。内向本来不算是什么大事，但是时间长了就容易被忽略，再加上平时跟大家的联谊比较少，路上碰见也不主动打招呼，大家就会觉得华人不太友好，随着时间推移，对华人的这种感觉基本已经深入人心。

事实上，我们现在看那些在美国出生的华人小孩，就能感受到他们跟我们的小孩差别已经很大了，这些小孩都逐渐脱离了内向性格的束缚，变得阳光自信、热情洋溢。

性格内向，看着是小事，其实是大事。华人在海外升迁一直受影响，跟这种性格就有很强的相关性，毕竟性格内向的人往往在管理层方面处于比较劣势的地位。

此外，一个人被提拔，往往需要另一个人把他拎上去，华人作为一个少数群体，被提拔的机会太少，导致互相提携的机会也受影响。如果在海外的一个公司里，一个华人主管都没有，那么你作为华人被提拔的概率自然就低一些。所以，华人在海外生存的玻璃天花板就特别明显，能做到高管的人非常非常少，甚至远远少于印度人和日本人。除此之外，华人还总有一种担心，担心别人说自己"任人唯亲"，所以更加不敢光明正大地提携自己人。

到2021年，中国移民海外的那部分人，明显也是分群的，其中之一就是高科技移民人群。这些人通过留学读书移民，读完书留在本地高科技企业上班，还有不少留在研究所和大学里。我们所说的"人才流失"，其实主要也是指这部分人。这部分人在出国之后，往往跟国内的关系还很紧密，我们在中文网上看到的那些国外同胞，大部分是这些人，但是这个群体的人数在整个移民群体里占比非常少。

按理说，在科技落后，而且顶尖人才持续外流的情况下，国家的发展非常危险。不过，在我国加入WTO后，各种产业开始普遍大爆发，各种工厂如雨后春笋般建立起来。大家一开始只是单纯地搞生产，不过很快有人就发现，做品牌比搞生产更赚钱，于是很多人就开始做品牌。这就有点类似金字塔模式，由于底座大，衍生出来了高塔顶，产业随之自发开始升级。

这种现象也印证了经济学里一直以来的一句话，一国经济都是需求驱动，经济增不增长，最关键的是生产出来的产品能不能卖出去，能卖出去，产业就可以扩大再生产，甚至升级。

随着产业的不断升级，需要的人才也就越来越多。这里的"需要"，应该是"雇用得起"的意思。中国一直都需要人才，可是以前的产业化利润太弱，能支付的工资太低，于是一些人选择了出国。

现在我国给人才提供的待遇和环境怎么样？

如今，随着经济发展形势变好，工薪方面对人才的吸引力越来越大，我国对出国的留学生又有了吸引力。 更关键的是，我国企业以前主要是拷贝西方技术，这对工人的要求就比较低，并不需要高级的研发人员,所以即便是名校毕业的科研人才,也很难在这类企业里找到工作。**但是经过这些年的发展,我国自己的科技树也茁壮起来,拷贝的时代已经过去,慢慢地就需要自己搞科技创新研发了,于是对研发人员的需求越来越多,开付的工资也越来越高。**

但是在某些专业领域,我国仍然在被动式拷贝发展,这种情况在现在也很明显,比如我们所说的四大"天坑专业"——生化环材,虽然这些专业听着很高大上,但是实际找工作非常困难,我认识很多读这些专业的人才依旧还是选择出国,因为国内没有合适可匹配的工作岗位。

其中最明显的专业是生物工程,每年都有无数人在吹捧什么"21世纪是生物的世纪",虽然这种说法没什么问题,不过选择了这个专业,大概率就是要掉坑里,因为在国内就业太难了。

为什么我国在生物科学领域这么落后呢?那是因为在生物科学领域,顶级的专业实验是由美国主导的。而在美国主导生物实验的,其实并不是国家,国家也没那么多的闲置资金搞生物实验,这些生物实验主要是由美国境内的各种基金会主导的。

这些基金会为什么对生物科学有这么大的兴趣呢?因为这些基金会背后的资金支持都是来自财阀大佬,他们希望通过生物技术的突破来延长寿命,因此在投资科研经费时都比较大方。尽管美国普通的老百姓接受到的医疗条件一般,美国的人均寿命低,但是在顶级生物科技这方面,美国却狠虐其他国家。果然需要才是科技进步的第一推动力。

不过随着近些年国内制药产业的爆发，我国也开始注重吸收这方面的人才了。我一位亲戚的儿子，以前在美国生物实验室里工作，2021年回国加入了一个生物制药公司，他说以前在国内他只能去大学里工作，此外基本没有什么好的去处。

在我国经济发展的上半场阶段，主要是需求和市场的驱动，并不是科技的驱动，不需要太多顶级的科研型人才，从而使得这些人才在国内很难找到满意对口的工作。而今相关产业的升级发展，就会带动一拨人才溯源回流的"回国潮"。

我这几年每年都需要为单位招聘人才，接触过不少海外留学回来的人才，也仔细了解过他们的诉求，主要还是两点：薪资和环境。

首先是薪资。这点比较好理解，国内的研究所和大学给出来的收入没有吸引力，而国内的高房价又让人闹心。大家可以思考一个问题：如果你是一名名校毕业的博士生，而国内只有一个年薪12万元的工作机会，你是选择留在国内还是选择出国呢？当然不乏品格高尚的人，甘于清贫的生活。但是我相信绝大部分人还是要选择出国的，毕竟绝大部分人都是普通人，只想让自己和家人过得好一些。

出国的留学生们，毕业之后再回来也是个问题，其实很多人是愿意回来的，但是回来确实也面临着很尴尬的境地。读书读到三十岁左右的年纪，学会了一身的科研技能，如果选择回国，能去的工作单位只有研究所，或者是各大院校，不仅薪资待遇不理想，还可能面临买不起房，以及将来孩子没地方上学的问题。

那么在国外的大学或者研究所里工作，工资就高吗？据我了解，美国NASA这种大国企，其实年薪也才十来万美元，但是加入私营部门的话，收入就可以翻到两三倍，已经是很高的了，像马斯克的SpaceX，里面很多员工就是从NASA出来的。我国以前最大的问题，就是没有高薪的私营部门，直到近些年才开始慢慢出现。

而且我国以前是出口导向的外向型经济，国内则疯狂盖房扩大房地产行业，而且绝大部分企业最关注的事情是尽量压低投入成本，所以很少有私营企业会养着研发团队。那为什么近几年互联网企业的工资那么高呢？主要是因为互联网企业的员工都是研发人员。今后越来越多的企业都得走研发路线，相关领域的从业者收入自然就会不断攀高。比如，前些年的互联网行业，这两年的芯片科技、制药科学、电池材料研究等相关领域的毕业生工资涨幅明显。

其次是环境。国内很多大学和研究机构内部多少都有些官僚主义作风，如果已经习惯了美国那种相对轻松的工作环境，回国后确实会有些受不了。如果是在私企，加班又会太严重，我之前有在研究所工作的经验，后来又加入某个大公司的研发部门，对这一点确实是深有体会。

不过对于这两个问题，近两年国内有很明显的改变：一方面是近几年我国有很多企业也开始拿出大笔的资金投入到科技研发中，已有能力支撑科研人员的高额薪资；另一方面是国家政府部门和科技公司都在调整工作方式，以前的官僚主义工作作风近几年有很大的改变。

另外，我个人觉得，只纯粹地谈个人价值、个人奉献并不长久，还是要靠好的工作待遇和环境来吸引、留住人才，这是个良性循环的过程。 待遇好，才能充分吸纳和释放人才，带来技术和管理上的进步，做能带来更大利润、更加具有社会价值的蛋糕，从而进一步改善工作环境和待遇，形成良性循环。所以，随着市场的需求越来越大，这些问题都会自发解决。

回首以往经历，我国的社会经济发展之路确实走得步步惊心，如果相关产业一直没能做大做好，那我们就变成了人才和资源的出口国，自己的资源全部支持国外的建设了。**然而社会经济发展到如今，我们又走到了一个关键节点，只能向上求突破。科学技术是第一生产力，发展科技基本成了我国的唯一出路，吸引海外的高科技人才回归国内也就成了一件大事。** 好在市场自有解决之道，对利润的追求，让企业自然而然地提高薪酬待遇，从而加大人才引入力度。

现在成效已经逐渐显现，出国热潮最高的清华毕业生的比例正在下降，而且出国的留学生学成回国的比例也在逐年上升。

这也是为什么美国竟然破天荒地开始限制中国理工科学生赴美留学了，大概率是美方评估过了，在美留学生学成后的就业选择，对中国的贡献已经大于对美国的贡献。对此，我国外交部还专门发了声明谴责美国，更加证实了送留学生出去这件事，应该绝对是利大于弊的。

这篇文章可能让大家不那么舒服，不过看问题既要看到长处，也要看到不足，我个人觉得最危险的时期已经过去了，前些年已经触底反弹，今后的情况只会越来越好。

碰上挑战
忍不住想退缩，

多年后回过头来看，

才发现
人生的关键点，

都是那些挑战。

让基层变富，从未如此重要

20世纪80年代初，日本签订《广场协议》之后，很快就出现了问题，日元大幅升值导致日本房地产泡沫的破灭，经济因被收割而停滞，在此后的很多年里一蹶不振。

但是这里有一个问题，德国和日本都跟美国签订了《广场协议》，都在随后的经济发展中遭到了重创，为什么德国后来慢慢缓过来，而日本受到的影响却那么大？问题出在哪里了？

我看德国经济史，把这个问题搞清楚了，而且明白了这件事也就明白了为啥我国这么执着地要促进共同富裕。在此，我先给大家稍微解释下什么是《广场协议》，以便大家更好地理解这个问题。

《广场协议》对日、德经济的冲击

这件事主要和日本战后经济快速追赶有关。日本战后经济发展得非常快，一方面美国给日本开放了西方国家的经济市场，也就是日本生产出来的产品可以卖给西方国家，解决了日本的需求端问题；另一方面西方国家也转让了一部分资金和技术给日本，解决了日本的供给端问题。天时、地利、人和，都凑齐了。所以，日本经济从第二次世界大战结束后到 1973 年，实现了每年 8% 以上的增速，1974 年放缓一年后，又出现了第二轮经济增长，一直持续到 1990 年前后。同时期德国和日本的情况差不多，经济也是飞速发展。美国本来准备制约德、日经济的快速发展，但是随着冷战铁幕的落下，说巧不巧，正好落在这俩家门口了，所以美国只好扶它们起来对抗苏联。

但是在经济增长的阴影下，日本出现了跟我国现在一样的情况，面临着相同的问题：在对外贸易中日本占了美国人的便宜，一直是贸易顺差，这让美国人怎么能忍？德国那边也一样，德国生产的东西比美国的质量强太多，所以美国人也认为德国占了自己的便宜，甚至一度不准让德国人去美国卖汽车。

慢慢地，美日、美德之间的冲突不断，在三十多年间持续爆发了"纺织大战""钢铁贸易大战""彩电摩擦""汽车贸易摩擦"，从这个过程中大家也能看出，日本和德国的经济一直在持续升级。

这些贸易摩擦让日本在美国的折腾过程中变得越来越厉害，到了 20 世纪 80 年代，日本已经成为世界上第二大经济体，很多日本企业都做到了世界第一。

日本人手里拿着大量在对外贸易中赚到的钱财，在世界各地到处买地购入资产，而且此时日本的人均收入已是美国人均收入的 145%，GDP 总量占世界 GDP 份额的 15%，甚至超过了德国和法国两国 GDP 的总和，从各个角度来看日本都可以说是真正的强国。而同时期德国则成了欧洲经济发展的领头羊，与此同时，法国也通过举国之力搞定了一堆重要的技术突破，德国和法国日益上升的实力存在，开始威胁美国在欧洲的影响力。

在此背景下，美国终于忍无可忍，准备出手收拾下德国和日本，于是也就有了后来的《广场协议》。不过，并不是以往大家所说的，《广场协议》直接打垮了日本，这个说法太过简单了。

当时美国天天指责日本操纵汇率，说是日本故意压低本国汇率。有意思的是，美国现在也在指责中国操纵汇率。不过这件事倒是没有冤枉日本，日本政府当时确实是把汇率压得很低。日本普通老百姓买美国的产品都巨贵，所以基本不买美国的产品，美国人买日本的产品却巨便宜，于是疯狂消费日本产品，自然就产生了贸易顺差。

所以美国要求日本、德国把本国的汇率大幅上调，这样日本、德国的产品在国际上售卖就会贵很多，同比之下，美国产品的竞争力也就提高了。

以往我们说，是《广场协议》让日本被迫提高了汇率。其实这么说不对，因为美国对日本经济发展的打压是件长期的事情，《广场协议》只是其中实施的一部分。真实情况是美国从 1971 年开始就出手遏制日本经济的发展，一直持续到 1987 年。

先是在 1971 年，西方十个国家签订了《史密斯协定》，一起要求日元升值，然后继续施压，其间小打小闹不断。直到 1985 年，美、英、德、法、日五国在美国纽约广场饭店签订了《广场协议》。

在《广场协议》签订之后，1987 年美、英、法、德、日、加、意七国签订了《卢浮宫协议》，核心就是一件事，让日元和马克升值，升值之后日本、德国的产品在国际上就不那么有竞争力了。

一方面迫于压力，另一方面日本政府当时也确实希望日元能够国际化，日本签订了协议。之后，日元如日本政府所希望的那般出现了大幅升值。不过日元升值就意味着日本生产的汽车和彩电售价升高，在国际上的竞争力就没那么强了，所以在 1986 年，日本的出口增速从之前的 3.9% 暴跌到 −16.8%，也就是以往售卖到海外的产品现在卖不出去了。德国的情况也差不多是这样，协议签完，出口暴跌，而且随后几年的 GDP 增速也遭到腰斩般的冲击。

问题是德国和日本这两个国家都是工业国，也是生产国，生产出来的产品卖不出去积压在仓库，单是庞大的贷款利息就能让大部分企业倒闭。那怎么办，总不能让生产出来的产品堆积在国内销售不出去吧？德国和日本为此都十分着急。

日本的慌不择路

日本对此的解决方案是准备让本国老百姓消费掉过剩的产能。

可是日本老百姓的钱就那么多，现在要消耗过剩产能，就需要多花钱，可怎么样才能让民众多花钱呢？日本政府想来想去，最后出了个主意，降息降准央行放水。

降息这件事理解起来既容易又复杂，民众最直观的感受就是去银行贷款所付的利息更少了，也就是可以贷出来更多的钱用于消费。而且利息可以影响到投资标的，比如你有几百万元想去投资开饭店，算了下收益率，却只有4%，如果银行的存款利率是5%，你可能就不会去投资，而是把钱存到银行里了，毕竟钱存在银行的利息比投资赚钱，那还投资做什么？如果现在银行把利率降低到1%，那存款就不划算了，不如去做投资，还能创造出工作岗位，老百姓也增加了工资。

所以在日本政府降息之后，日本市场确实充满了热钱，不仅仅是日本国内的钱，还有美国国内大量的热钱，也源源不断地涌入日本市场做投资。

那效果怎么样呢？结果是非常不怎么样。大家知道，银行的特征最是嫌贫爱富的，银行贷款给你，都是需要你拿资产做抵押的，假如你有上千万元的房子，银行随随便便就可以贷款几百万元给你。但是，假如你没有资产又想贷点款，那么银行很有可能几句话就把你给赶出来了——没资产做抵押还申请什么贷款？

这样的放贷模式就相当于给富人们创造了机会，富人可以通过资产抵押贷款，手里一下子多了一笔钱，但是富人们会拿着这笔钱款去买电视、冰箱、洗衣机吗？谁家会花几百万元去买这些东西呢？

大家要知道一个常识，"大钱"和"小钱"的花法完全不是一回事。 普通老百姓家里多了几千元，可能会去改善下生活，吃点好的，买个电器之类的大物件，金额不大，主要是用于日常花销了。但是，**如果是多了上千万元的大金额银行贷款，吃喝的花销是不足以消耗掉的，只能用于投资。** 如果是投资建厂还好，但是由于当时的日本是产能过剩的时代，投建的厂子已经太多了，所以富人们贷款出来的巨额资金，基本都投到房地产和股市这两个行业里了。

接下来的事大家也都知道了，日本的富人们疯狂地去买房和股票这样的资产，随后这些资产价格也开始上涨。中产阶级一看房价和股市都在上涨，也赶紧把房子做抵押去贷款再去买房子和股票，这样就能再做抵押，继而从银行贷出来更多的钱款，接着房价、股价进一步被推高。就这样，日本左脚踩着右脚就飞起来了，国内呈现出一片欣欣向荣的景象。大家是不是觉得这景象看着有点眼熟，跟国内近阶段的情况很相似？

但是日本政府却慌到无以复加的地步，因为日本政府降息的目的不是拉低房价，而是给企业消化过剩产能，现在不仅产能没能消化掉，而且企业都跑去贷款炒股炒房了，这该怎么办？怎么能不恐慌？

随后日本政府开始调整政策,日本央行从1989年开始温和地提高利率,并且减少货币供应。到了1989年年底,日本历史上著名的"疯狂原始人"三重野康出任日本央行行长,事情有了新的发展。为啥叫他"原始人"呢?因为这位在中国东北长大的日本经济奇才极其讨厌市场投机行为,日本当时主流经济学家们觉得投机是市场行为,市场是不会错的,所以他们把讨厌市场投机行为的三重野康看作"原始人",认为他是中了计划经济的毒。那为啥又说他"疯狂"呢?因为他行事作风极端雷厉风行,甚至有点不顾后果。

三重野康上台后,日本银行五次提高利率,终于在1990年8月,日本银行的利率由超低的2.5%飙升到了6%,而且银行不放水了。这下可麻烦了,股市和房市都被断了货币供应来源,涨不动了,也没人接盘了。

随后就爆发了股灾,日本股市仅在1990年到1992年三年间就跌掉了一半多。

股市这么惨,楼市也没逃掉惨烈的命运。日本股市暴跌仅仅半年后,其楼市也开始动摇,随后激烈下跌,在1990年到1992年这三年中也快速跌掉了46%,导致日本国内上百万亿日元的资产化为乌有。

我最近看了份材料,说的是在三重野康上任之前,美联储主席沃尔克——也是一个强人,曾经大幅度地提高银行利率,把美国经济直接创出三年的萧条期来。不过经济学家们一般认为沃尔克是美国历史上最伟大的美联储主席，沃尔克有壮士断腕的决心。三重野康明显是想做下一个沃尔克。

当然了，这并不是最终的结局，在 1992 年后，日本房价一直在下降，累计又降了 50%。2021 年我查了下，日本房价还在继续下降，不过对于现在继续下降的原因，大家普遍认为是日本老龄化的问题，每年死去的人腾出的房屋比买房结婚的新人都多，房子能卖上价就奇了怪了。

德国的天降资源

了解完日本的情况，咱们再来看看德国的情况。其实德国也没啥好办法，当初这两个国家一起被美国算计了，出口率都发生了暴跌，也都在思考各自的解决方案。

不过德国人有过惨痛的通货膨胀的经历，对大幅降息印钱这种事比较敏感，所以也就没有着急降息。不过德国运气比较好的是，民主德国和联邦德国统一了。

两德统一这件事我稍微说下。第二次世界大战结束后，德国被分裂成了两块——东部苏联占领区的民主德国，西部美、英、法占领区的联邦德国。但是到了 1990 年，苏联眼瞅大势已去，两德人民统一的愿望呼声渐高，所以两德统一这件事就开始提上日程了。

关于德国要统一这件事，大家千万别弄错，西方所有的国家，比如英国、法国、美国等，都是不希望德国统一的，因为德国要是统一了，发展一些年后，就会变成欧洲一级国家，美国就管不住德国了，英、法两国也得看德国的眼色。

但是当时的西欧国家又都是盟友关系，不好意思直接出手干预，于是大家都指望着苏联能够修理德国，然而苏联对此事一言没发，看着德国统一了。这倒是把西方的各个国家差点给气死，当时法国的总统没忍住怒气，当场就说："苏联领导人到底收了德国多少马克，为啥不出兵阻止德国统一？"

为啥苏联不管呢？因为苏联是一堆加盟国的联盟，所以国歌才唱"牢不可破的联盟"。联盟里最大的成员国是俄罗斯，俄罗斯一直觉得自己在联盟国里比较吃亏，到了1990年，俄罗斯自己想跑路，而且"跑路派"已经充满了苏共高层，他们巴不得看到盟友们都跑了，那样俄罗斯自己也就能顺利脱身，因此当然不会管两德统一了。

此外法国人说得很对，俄罗斯人确实收了西德无数的马克。德国人有钱，觉得如果能用钱解决的问题那都不是问题，为了两德统一他们愿意支付天价的马克。此外西德人还给俄罗斯人开出了丰厚的价码，比如宣布永久放弃加里宁格勒。

加里宁格勒以前叫柯尼斯堡，曾经是东普鲁士的首府、康德的故乡，大概相当于陕西或山东在我国的地位，第二次世界大战结束后被苏联拿走了，现在还在俄罗斯境内，跟俄罗斯领土不连着。两德统一前，德国人说不要那块领土了，只要东德，俄罗斯本来就不想留东德，既然收了钱，又永久性地保住了加里宁格勒，于是做了个顺水人情，没有阻碍两德统一。

然后德国就统一了。统一后的德国一下子多出来一块巨大的经济市场和人力资源池，大量廉价且受过高等教育的工人加入了德国人才市场，导致德国工人的工资大幅下跌，制造业的成本也就降了下来。

不仅如此，因为东德和西德的经济差距本来就很大，为了救济东德，新的德国政府通过了加税协议，对富人和富裕州增加征税，补贴原来的东德地区民众。东德人在收入增加后，就有了买车、买电视的日常生活需求，这样一来，德国自己人就增加了一大块内需，补充了一部分的消费能力，本来卖不出去的那部分产能反而被东德给消化掉了。

说到这里可能有小伙伴不太明白了：一国内部的财富重新分配了一下，为啥就能促进消费呢？

其实这个问题不复杂，比如我国现在就有这种情况，非常有钱的那部分人几乎不消费国内的工业产品，主要是买国外各种高端奢侈物品，而且收入的大头都花在了资产投资上。再说，消费才花几个钱？如果富人们的财富转移一部分到穷人们身上（当然了，一定要以法律税收的形式明明白白地转移，不然很容易出问题），那穷人们的生活就会有所改善了。不过穷人们不可能每个月拿多出来的这小部分钱去买奢侈品，主要消耗的还是我国的过剩产能，同时还可以抑制资产价格的上涨。这套逻辑后来就叫"平衡战略"，而不是简单地像日本那样操作。不过日本也是没办法，毕竟日本没有那么大一块外来的天降资源，自然也就没办法像德国那样运作。

顺着这个逻辑再往下看，大家也就懂了为啥德国这些年一直在接收穆斯林难民，尽管德国老百姓们并不太愿意，但是德国是一个资本主义国家，国家政府及政策要考虑大资本家们的想法，所以引入穆斯林难民并不是默克尔一个人的想法，而是德国的国家战略。德国要通过不断引入受过教育的穆斯林难民，然后通过补贴和再教育的方式，让他们成为德国的工人，这样既可以补充廉价的劳动力，又可以扩大德国的内需消耗。

不过，《广场协议》还有一个副作用。当时德国、日本都需要使劲压低制造成本，德国的办法是把一部分制造业搬到东德和其他东欧国家，那些国家的老百姓工资低，人力成本低。日本也是一样的操作办法，为了提升制造业的竞争力，降低生产成本，当时日本急需把工厂转移到人力成本低的国家，所以很多工厂就转移到了我国沿海地区，彼时我国恰好急需外汇，这一部分的外资工业转移也帮了不少忙。说出来大家可能不信，在这之前，我国换外汇的方法主要是通过卖石油和煤炭给日本，那时候我国属于"资源国"，随后升级到了低端制造业，近几年又在向高端制造业发展。

不过日本把大部分的工厂转移到了东南亚地区，也就是"亚洲四小虎"——泰国、菲律宾、马来西亚、印度尼西亚。不过在 1998 年金融危机后，"四小虎"遭到欧美资本的放弃，欧美资本家发现东南亚国家政府太弱，没法提供稳定的产能环境，而在 2001 年年尾，我国正好加入了 WTO，于是低产能的制造业也都随之迁移来了我国。

或许有人会问：东南亚各国会不会吸收走我国的制造业？这个问题恰好问反了，其实在历史上是我国吸走了东南亚地区的制造业，现在我国也在向外转移不太能赚钱的产业了。

我们可以吸取哪些经验教训？

把上面的这些逻辑拿来对比下我国，就能发现我国现在也面临着日本、德国当初的问题。我们一直说，我国的经济靠三驾马车——出口、投资和内需。出口不多说了，今后将面临一个艰难的时期。不仅如此，如果大家平时关注股市也该知道，现在的原材料价格在疯狂上涨，而原材料主要又在澳大利亚手里。澳大利亚的那些资源公司，背后又是美国和日本资本在控股。**资源涨价，看似是我国的出口发展得非常好，不过大头已经被原材料方赚走了。** 这也就意味着钱都被欧美国家的资本赚走了，**我们国家的制造业利润现在已经非常微薄。**

而投资回报率也面临着一个"边际收益递减"的问题，这个也好理解，早期的基建投资是雪中送炭，现在慢慢成了锦上添花。比如早年投资了京沪高铁，早期这条铁路线的流量大、收益高，但是现在主干道已经修缮得差不多了，那些比较偏的路线流量根本撑不住高铁这样的大投资,所以投资回报率就被拉得非常低。

绕来绕去,就剩下扩大内需这一条路可走了,而扩大内需有两种方法来实施。一种是通过货币政策来扩大,在市场上放大量的水,大家贷款来增加消费,也就是日本所实施的路线,结果是资产泡沫大到离谱,最后大家借不到钱整体崩盘了。

其实后来2008年次贷危机的本质,也是政府鼓励贫困百姓贷款,后来因为还不上而引发的系统危机。我国这两年坚定的去杠杆方向未变,尤其是这两年,大家如果有跟银行打交道的机会,就能感觉到信贷控制得非常严格了,这事的本质和三重野康的做法及目标是一致的,都是希望降负债、降投机、降泡沫,只是三重野康虽被称为经济奇才,可是做事却激进到了极点。

另一种就是德国办法,国家主动转移财富,缩小贫富差距,让基层老百姓们有钱消费,拉动内需,有了消费才能继续生产。这个逻辑虽然听起来很奇怪,不过搞市场经济就是这样,消费在前,生产在后,这也是为啥我国以前需要美国人买我们的产品,我们才能生产。

虽然我国一线城市的人均收入水平直逼发达国家,但是还有很多各级地方依旧属于欠发达地区。

此外,德国本来就重点在东欧及整个欧洲耕耘,对美国的依赖并不像日本那样大,被美国遏制了之后,更加深耕欧洲各国,这跟我们现在大力发展东南亚贸易又是多么相似。而且德国的这套逻辑还有个额外的好处，就是避免了房价、股价的暴涨，这类东西一旦暴涨，大家就会借钱去炒作，最后本该消费的钱都花到这类资产上了，非常容易出事。不过这几年东欧国家的老龄化日益严重，德国对东欧国家的投资收益率也上不去，于是开始投机本国的房地产业，再叠加美元放水，导致德国的房价也是一直攀高不下。

看懂了这些，再来看我国 2021 年不断出台的各项利民政策，**压房价、促进共同富裕、完善财税系统，明显就是在走当初德国的路线，极力回避日本当年走过的坑道，而且跟德国相比，我们最大的优势是纵深大得多**，空间也大得多，这一点尤其要利用起来。

懂经济周期的运行规律，就能掌握发财密码

什么是"康波"？

"康波"这个话题说简单也简单，但是往深了讲又非常复杂。自从国内的"周期天王"周金涛去世后，就没有人敢说自己懂"康波"了。不过在本篇文章里我并不讲经济学理论，而是讲我比较熟悉的经济史，我们一起看看过去的经济规律和路径，说不定也就知道了我们未来的道路。如果我在以后几年的时间里，对这个问题有了新理解，我可能会再多写几篇相关话题的文章，把认识的深度慢慢往更深层次推进。

已故的中信建投首席经济学家"周期天王"周金涛有句话，说的是"人生发财靠康波"。那什么是康波呢？"康波"的全称是"康德拉季耶夫周期理论"，是苏联经济学家康德拉季耶夫考察了资本主义世界两百多年的近代史后，**发现了其经济发展有明显的周期性，每轮周期差不多都是 40 年到 60 年时间，而且每轮周期也都是由技术驱动的。** 每轮周期也都有明显的繁荣和衰退阶

段，每个人的一生大概都会经历这么一轮周期，或者跨着两轮。

也就是说，一项或者多项革命性技术进步，会引发一轮长达半个世纪之久的发展周期。在这个大周期里又包括了很多小周期，比如计算机推动了一个长达五十多年的技术循环，中间又有很多的小波段，包括操作系统、浏览器、互联网、移动互联网等等，如果你恰好赶上了这些小波段里其中的某一段，那人生可能就大不一样。

其实对于这个逻辑我是深有感触的，因为近十年来我自己亲身经历了两个完整的小周期。在我读大学的那个时候，当时正好是PC（个人计算机）大热，那是搜索引擎和门户网的时代，而且那时也正好是房地产行业的上升周期。

我经历的另一个技术红利小周期是在移动互联网时代，当时加入移动互联网行业的那些人，到现在收入基本要比从事其他行业的同学高出一到两倍，更有极端的高出十几倍，这些机会往往遇上了就是运气，遇不上也没办法。

也就是说，**我们每个人都处在各种大小不同的周期里，如果恰好是处在周期里的繁荣期，可能一伸手就能握住机会，在今后日子里收入翻倍往上涨；如果恰好是处在从事行业已经处于衰退阶段的周期里，那可能人生就此掉入了坑里，越往前走路径就会越狭窄。**

事实上不仅个人是这样，国家也是这样，康德拉季耶夫周期对国家的影响更大，历史上的强权事件往往也都跟这个有关。

第一个技术周期

众所周知，在工业革命前的几千年里，人类社会进展一直不快，不仅不快，事实上基本是处于稳定状态。最明显的是我国，从秦汉到明清，老百姓的收入水平和生活水准一直变化不大，西方国家也差不多，除了少数几个贸易港和放高利贷的城市过得还不错，比如威尼斯和热那亚，其他地方的老百姓过得也非常惨。

但是近代以来的第一项技术革新发生在英国，发明了水力纺纱机，这项技术在一定程度上改变了世界。

纺纱织布这件事看着很低端，其实不是的，因为"吃穿住行"从来都是硬刚需，人类尤其对穿衣这件事非常上心。早在汉朝时期，中国的丝绸就一路从中国东南地区被运送到了罗马帝国，在这个过程中，丝绸加价几十倍，罗马人依旧趋之若鹜，可见大家对穿衣这件事有多冲动。

从英国开始，后来的大国搞发展，都是靠纺织，比如美国、德国、日本、韩国，甚至我国的台湾和香港地区，早期也是靠纺织起家的。我国改革开放初期，也是从纺织工业开始积累原始资金，所以即便是到了现在，纺织业依旧是我国的传统支柱型产业，也是我国国际竞争优势明显的产业。

在1770年前后，英国人设计生产出了珍妮纺纱机，终于可以生产便宜的纱线了，依托英国海军打出来的广阔市场，纱线只要生产出来就能卖掉。当时的蒸汽机设备还不具备加入竞争行列的条件（早期版本的蒸汽机笨重且效率极低，根本没法用），那时候大家用水力驱动，所以英国最早的企业都是沿着河边建立的，大量的农民进入工厂，成为初代工人，现代企业的雏形也是在那个时代出现的。

后来为了多建厂，英国人疯狂挖运河，由于水力系统不稳定，比如有枯水期和洪水期，冬天则干脆冻结了，资本家就需要新的动力推动发展。为了改进，越来越多的人开始研究新动力，后来瓦特踩在别人的肩膀上发明了蒸汽机，从此人类一脚踢开了工业化的大门。不过蒸汽机是下一个技术周期的事情了。

英国人纺纱织布不是做了一段时间后就不做了，而是一直贯穿了整个英国的生命周期，纺织业一直都是英国看家老本行。与此相关的，还有美国南方的奴隶制，以及印度的殖民制，这些都跟英国的纺织产业有关。

后来美国的制造业之父就是个英国的叛徒，他把英国纺织机的生产构造记在脑子里带到了美国，美国也因此走上了纺织产业的路线。

第二个技术周期（1825—1875 年）

第二个技术周期的标志就是蒸汽机。 蒸汽机被改进之后并不是立刻就爆发了，而是经历了一个漫长的从煤窑到工厂的扩散过程：一开始不被看好，后来经过逐步改进后成为主流，同时又被应用到轮船和火车上。

而且火车也不是一下子就完整出现的，最早只有铁轨和车厢，用在大型煤矿里，用马拉着。其实在很长时间里，火车就是由马拉着的，因为火车头还没发明出来，所以马拉列车不但不是非主流，反而是传统玩法。过了很多年，等到蒸汽机发展成熟后，大家才想起来给车厢配个火车头。只是一开始的火车头跑得并不快，还没有马拉火车快，不过明显蒸汽火车头的发展潜力更大，很快和马拉列车就不可同日而语了。

在这个过程中，需要的资金规模越来越大，私人公司开始搞股份制和发债券。其实这个机制才是个怪兽，因为通过这些金融手段把各种闲钱聚在一起，能做的事情越来越大。

由于工厂规模越来越大，组织就开始变得超级庞大复杂。有了蒸汽机后，稳定而且强大的科技动力源源不断地被输送出来，人类可以制造更多、更复杂、更精细的产品，比如随后涌现出了火车和造船厂，分工也越来越细。

想当年，曾国藩看到英国铁甲战舰的时候，一度以为可以通过能工巧匠用锤子敲一艘战舰出来。其实这些战舰建造的背后，都是大型工厂和车间的细致分工，只有这样的现代企业才能保证每个零件都可靠，那些军舰才能跨越大洋不散架。按照曾国藩最初的认知，可能穷尽能工巧匠一辈子，都造不出来几个像样的零件。

第二个技术周期阶段完全是英国人领先发展的时代，英国彻底成了世界上真正的日不落帝国。不过当英国人铺设出来铁路之后，没想到成就的竟然不是英国，而是德国和美国。

第三个技术周期（1875—1920 年）

铁路是第三个技术周期的王者，可以说，现代德国的工业发展命运是铁路给的。

德国境内以前散落着几百个大小邦郡，著名哲学家康德出门去旅游，箱子里都塞着几十种货币，到了一个地方先翻着找当地货币，不然就没法住店消费了，引得饱受折磨的哲人非常感慨，不过除了吟诗康德似乎也没什么可做的。

但是在德国人用英国的技术修建铁路后，事情就慢慢地发生了变化。铁路逐步把各邦郡连接在了一起，交通方便了，互相做生意的贸易往来也越来越频繁。而且铁路系统的发展本身会带动上下游经济的发展，造铁轨就得挖矿冶金，研究冶金就不可避免地需要化学相关的科技点，所以德国那些年在化学研究领域也进展神速。更重要的是，这些重工业需要天量的资金，为了支持修建铁路，金融资本的规模凝聚得越来越大，能做的事情也越来越大。

德国近代以来的国宝级人物李斯特就曾热情地赞美过铁路系统的发展，认为铁路是德国统一的最大功臣。德国以前就有个关税同盟，现在火车让盟友们的合作关系越来越紧密。再后来，德国资产阶级就逐步意识到，如果统一了国家和市场，大家可能会变得更加富有。"统一德国"这个观念变得越来越时髦，最后俾斯麦发动了奠定德国统一的三场战争——普丹战争、普奥战争、普法战争，德意志地区的兄弟们干脆统一在一起了。

统一后的德国发展得越来越迅猛，并且有了技术依赖，狂点"重工业"技术点。此外，由于金融资本在这个过程中发现投资科技的利润大到离谱，于是开始投资创建实验室，使得不少电气实验室拿到了投资资金，**自此人类叩响了下一次"电气革命"的大门。**

而远在大洋彼岸的美国，由于在独立战争时期革命得不彻底，终于在 1861 年把拖欠的债款补上了，同时也爆发了南北战争，打死了六十万人，打残了三四十万人。联邦军队开入南方，烧掉了亚特兰大以及各种庄园，用刺刀说服了南方农场主，今后要专心做美国人不许再分裂。

重新达成共识的美国人也疯狂走上铁路建设之路，在那些年，一年修一万英里铁路的事情常有发生，那时候的美国也是个基建狂魔。跟德国的情况差不多，铁路催生出了美国巨大的经济市场，并且美国国内也在进行大炼钢铁行动。为了给这些铁路和重工业融资，华尔街从不入流的金融混子一跃成为世界级的金融投资标志，美国迎来了卡内基和摩根的时代。

目睹了美国在修铁路过程中的狂飙猛进，孙中山先生感到无比羡慕，曾经也下决心修十万英里铁路。不过以中国地理环境的复杂程度和中国金融资本的保守程度，这种想法基本没戏。欧美的铁路都是借钱修的，修好铁路后赚钱了再还，所以等攒够钱再修路的模式根本是不可能的。

美国人此时也跟德国人一样，意识到了投资科技的巨大红利，大量资本开始投资前沿技术。爱迪生和特斯拉开始上线，通用、贝尔也在金融资本的投资下开始现身，人类开启了崭新的科技时代。

这个时代是属于美国和德国的，英国资本在向海外投资过程中的地位越来越低，而且英国国内也没什么重工业。到了第一次世界大战期间，就连炮弹产能都不能上去，不得不向美国进口，很多英国资本投资的海外公司也开始便宜处理，卖给了美国人换炮弹。

而美、德两国在这时期几乎有无限的产能，最后大家一起上，才把德国给揍趴下了。不过由于第一次世界大战的主战场在欧洲，分东西两线，西线主战场在法国，炮弹的频繁使用，把法国北部几乎炸成了废墟，而德国工业并没有受到影响，这也为德国后来的再次崛起埋下了伏笔。

第四个技术周期（1920—1975年）

这个阶段是汽车和石油的时代。 在这个周期里，美国和德国整体并驾齐驱。两国的产业结构差不多，工业在金融资本的推动下疯狂发展，而且都是重工业，都搞电气化，都在研究汽车，都疯狂借钱搞经济扩张，随后也一起迎来了1929年的大崩溃。

面对大崩溃，两国的解决方案差不多，都是通过民选替换了思维发散能力极强的领导人。罗斯福和希特勒的风格差不多，都是不拘一格无视规则，并且二者的思路也相差无几，都是以工代赈的模式。

不少人说是凯恩斯影响了罗斯福，其实不是，在凯恩斯发表他的论文之前，美国和德国已经在实行以工代赈的模式了，只能说大家想到一起了。整体来说，美国和德国的扩张强权思路差不多，只是在美国还没有想好去打谁的时候，德国就先动手了。

于是随后第二次世界大战就全面开打了，打完后把传统富裕的地区——西欧和德国，破坏了个稀烂，导致西欧的金融资本和人才一起去了美国，催生出了美国战后巨大的繁荣。

并且，美国在战后制定了国家科技政策，推动军用技术转民用，比如计算机和互联网的行业设备技术应用普民化，为下一个周期做好了准备，这些都是典型的军用技术。而苏联的思路则比较怪，为了防止技术泄露，对"军转民"的态度非常谨慎，导致天量投资因市场的问题最后没法回收。

在这个过程中，美国的传统资本变成了风投资本，开始投资更新的技术，比如计算机、半导体和软件领域。 而在这轮周期中，最大的受益者也是美国，苏联一度也享受到了这轮技术扩散，但是苏联的计划经济体制缺乏创新能力，即便有几样创新，也锁保险柜了。

道理同样不复杂，创新基本都是不小心做出来的，本来要做A到B，不小心却做出来个C，市场经济体制会重新评估C是不是卖得更好，然后目标就改换了。计划经济体制在这方面差很多，可能会把 C 直接给忽略了，并且由于没有市场，很多投资没法回收，到后来把轻工业挤占到崩溃的边缘地位，老百姓不干了，俄罗斯民族主义者们趁机便跳反了。所以在这一轮技术衰退的时候，也就是 20 世纪七八十年代，美国和苏联都受到了影响，只是美国快速换道了。

第五个技术周期（1975 年至今）

这次革命的主导者就是美国，并且在这轮周期的繁荣期当中，也就是 20 世纪 90 年代，美国的实力独步全球。成果就是半导体和计算机以及互联网行业的空前发展，那段时间是属于硅谷、比尔·盖茨和 IBM 的时代。其他国家则整体落后一些，尤其是日本。日本其实就是被锁死在了上一个技术周期里，一直也没太享受到这一轮的技术扩散福利，到现在依旧在深耕上一轮技术革命的成果，所以日本人自己也说是失去的三十年。

而且这次技术进步催生了新的金融创新，也就是纳斯达克。纳斯达克最早不是交易所，而是跟我们现在的闲鱼差不多的交易平台，那些不入流的小企业想融资借钱，可是又不够资格去纽约证券交易所上市，于是在纳斯达克上卖卖自己的股票。这些小企业就是通过这种小规模的融资模式，一点点壮大起来，并且成就了后来的微软、谷歌。

**对于美国来说，这种模式的本身比技术更重要，因为创新本

来就有随机性和"涌现"性的特质，没有办法自上而下地计划，只能是建个牧场，看看牧场里能长出什么东西。 纳斯达克就是这样一个牧场。我国在做的北京证券交易所明显也是想借鉴这个创新。

第五个技术周期，红利本来主要是美国的，不过我国在后半期正好享受到了一个技术扩散的尾巴，也就是移动互联网时代，因此时代产业为我国创造了天量的财富。

我国为什么前些年发展得那么快？有个很重要的原因，就是这五轮经济周期在我国一轮又一轮都被引爆，不断地推着我国往前走。而且政府也在不断地推动这种技术升级，比如提前花大价钱布局了天量的基站，让我国在移动互联网方面不再落后。

不过熊彼得把技术创新分成了基本创新、改进创新和虚假创新三个阶段。比如研发出来了CPU、操作系统和新能源电池，这就是基本创新阶段，对经济的推动力最大，宁德时代的三年万亿市值就是这么来的。在此基础上进一步做出了具体应用，比如某宝某信，就是改进创新阶段，也能推动经济的发展。再到第三个阶段，比如搞社区团购，这就是虚假创新，零和博弈，没什么技术含量。

下一个经济周期在哪里？

周金涛在去世的前几年就说过，这几年是第五次经济周期的衰退期，所以大家过得比较艰难。**也就是说，现在处于一个青**

黄不接的状态，旧技术的红利已经耗尽，新技术还没有大规模地被应用，所以经济的火车头停了。不单我国如此，全世界都有这个问题，再叠加新冠疫情，整体都有点难熬。

从现在的情况来看，世界上绝大部分国家都躺得很平了，主要是中美两国还在疯狂投资，现在的主攻方向也很清楚，主要是 AI、核聚变、新能源、航天技术等，还有当前热议的"元宇宙"，也就是像《头号玩家》里展现的那样，戴上 VR（虚拟现实）眼镜后进入虚拟世界。谷歌现在重点研究 AI，而脸书主要在研究元宇宙，马斯克一伙则在研究航天和电动车。

大家一定听说过一句话，叫"2020 年是前十年最差的一年，又是接下来十年里最好的一年"，从康德拉季耶夫周期理论来讲，这个逻辑可能是对的，现在也正好是第五个技术周期的衰退期。

不过我一直都是挺乐观的，用熊彼得的话说，**经济衰退是必然的也是必要的时期，在衰退中淘汰弱者，是推动革新创造、重新迎来繁荣的必经之路。** 在这个逻辑上深思，就能理解我国政府现在的那些举措 —— **打击食利资本，推动硬科技研发，并且调整收入结构，也正是下一个技术周期开始前该做的事情。**

别参加
"失败者的派对"。

人天生悲观，

容易被
坏情绪带偏。

好的世界，是每个人都能追求自己的幸福

我们是如何从一穷二白走到现在的？

因为新冠疫情，很多人开始问一个问题：这个世界会好吗？我也想了好久，现在想明白了一些事，心安多了，借此跟大家分享一下，虽然不一定对，但是可以作为参考。

其实与其思考未来会怎么样，不如问自己一个问题：我们是如何从一穷二白走到现在的？ 在我眼里，这是绝对的"第一性问题"，搞明白了这个问题，其他问题也就迎刃而解了。**回到出发点，回到最基本的问题，再来思考我们真正的推动力是什么。** 或者说，如果有另一个国家想发展，向我们求教取经，请我们把经验写在一封信上，那我们应该写些什么内容呢？

在这个问题上，我觉得最具说服力的，无疑是清华大学文一教授的说法。他认为，**我国这四十年的经济繁荣，主要得益于三个东西：自下而上的、由底层需求驱动的市场，有为的重商主义管理以及人口资源。**

人口资源最好理解，这些年基本达成了共识，相比于澳大利

亚出产廉价铁矿、巴西出产廉价铜矿、沙特的石油用不完的优势，我国早年最大的优势就在于大量的廉价劳动力。

市场经济在我国经济发展中的重要性本身毋庸置疑，就在前些年，大家基本都能达成共识。也就是说，在改革开放之前我们是很穷的，后来我国坚持走市场经济这条路，激发了活力，才有了这四十年的大发展，改革开放的发展历程也就成了我国最近二百年来最关键的几个时间点之一。

不知道为什么，这两年这个基本的、底层的观念竟然遭到质疑，甚至不少人开始怀念改革开放之前一穷二白的时光，还有人倡导回到过去，尽管是一小拨人，但是声音越来越大。讲真的，回去是不可能的了，因为跟那个时代相比，当时和现在最大的差别在于当时的主体是农村，那是个巨大的缓冲垫，在城市里就业困难的青年们可以到村里接受贫下中农再教育。现在是不可能了，如今我国70%已经接近城市化，9亿多人，快赶上全球发达国家的人口总和。

那是什么维持着9亿多市民的生活呢？对，是市场！9亿多人形形色色，每天早上出门赚钱，每个人每天的目的不同，但都是为了自己的生计而奔波；**每个人都有自己的小目标，都有自己的需求，每个人都微不足道，但是集合起来就形成了一个"自下而上的、由底层需求驱动的市场"**。这个怪兽级的市场在过去四十年里，先后引爆了两次工业革命，让我国呈现出如今的发展状态。

我们吃到嘴里的肉，可能是来自河南的养猪场，也可能是来自阿根廷草原的养猪场；吃到的食用油，可能是黑龙江的大豆压榨出的，也可能是美国得州农场的大豆压榨出的；代步出行开的车，芯片有可能是北京生产的，也可能是美国西雅图工厂生产的。事实上，咱们手里任何一个东西都可能是十几个国家协作才完成的。也就是说，现在已经没有回头路了，除了市场，没人能解决9亿多人庞大复杂又精细的需求。

这么大规模的城市人口，其就业率是几千万个大小公司共同解决的。甚至很多人的岗位之所以存在，主要是给远在美洲和欧洲的人搞生产，他们的需求是你工作存在的原因。除了市场和贸易，没有任何东西能给他们提供这么大规模的就业岗位，也没法维持现在的生活水平。可以说，市场经济是一条不归路，走了这条路，就意味着只能一路走下去，再也回不去了。

而且市场经济和城市化是共生关系。 发展市场经济，老百姓自然会用脚投票去城里上班，城市化也会推动公共设施和居民住房的大力建设，互相促进直到达到80%左右的覆盖率。也就是能进城的都进城了，留在村里的人收入上升，再进城也不划算了，到时候更加依赖市场。

为什么必须坚定不移地发展市场经济？

市场为什么会创造出这么多的财富，促进这么快的发展呢？多简单，这就是文一教授所说的"自下而上"的发展逻辑，每个人都对自己的未来负责，每个人都去追求自己的幸福，在分工协作的机制下，效率快速提升，自然会创造巨大的财富。

而且市场也可以自发创造更大的市场。 如果原有的领域已经被打成了红海，赚不到钱，这时候有头脑、有冒险精神的人就会在体系之外重新建立起一个分支，在这个过程中就需要有人给他们投资。**投资多了，总能碰到些新的机遇爆发点，科技就这样一点点地迭代进步了。**

这就是马克思说过的"资本主义市场经济天生外向的、革新的和扩张性的特点"，"一年顶得上过去一千年"。

那如果有人为了私欲不择手段呢？这就需要用法律来约束大家的行为，给定一个可折腾的范围。**更重要的是，如果按照法律办事，整个市场就有种"可预期性"，而商业活动依赖"可预期性"，于是大家就愿意来你这里投资做贸易。**"市场"和"法制"一直一起出现，几乎像是一个硬币的正反面，没有法制的市场其实就像是杂乱无章且乱象丛生的原始森林。

而且市场会自发地让法制逐步走向健全，这两年想必大家也有这种感受。我是从 20 世纪 90 年代走过来的人，写过一篇文章描述那时的混乱现象，再对比看如今，这二十来年简直无异于两个世界。

至于很多人说的其他问题，类似"贫富不均""资本失控"等等，其本质都是法律的问题而不是市场的问题，本身都可以通过立法来解决。至于"996""内卷"等现象，咱们认真思考下，这类现象是最近几年才出现的吗？当然不是了，以前还要严重得多，在我毕业那会儿，我们经常是一个月休一天，领导还会嫌弃我们有些人晚上9点下班为时尚早，会以为我们是不是工作不饱和。现在还能这么做吗？当然不行了。大家在观念上彼此都有了进步，才意识到这样的做法是有问题的。

很多诸如此类的事情，并不是说这两年才开始恶化，而是这两年大家的自我维权意识逐渐觉醒了，觉得那些本来习以为常的事情变得没法接受了，这本身就是一种人文的进步。

而"法制"和"社会公义"就是这样一点点被推动的。其他很多问题也一样，可能我们现在在看看没什么感觉，但是再过几年大家自然就会发现问题的所在，等到全民达成共识后，自然也会有所改进。这种细微的改变可能一开始触感很小，等待十年之后，一回头可能就发现其翻天覆地的变化了。

所以，不能单纯为了缩小贫富分化就想回到计划经济的时代，那就是回到大家一起穷的状态了。也不能因为资本有作恶的一面就把资本消除干净了，没有资本拿什么支撑科学技术创新？ 恰如没有风投资本哪来的美国硅谷？没有硅谷说不定解体的就是美国。大家仔细看看国家发的红头文件，一直都说的是要做大做强产业资本，只是要引导良性发展。

最近几年很多人也感受到了，自己最讨厌的那个老板的公司倒闭了，自己也没有工作了，一大堆的老板崩盘破产了，大家跟着都找不到工作了。可见资本和工人本身就是个共生关系，那到底该怎么解决资本剥削的问题呢？有且只有一个办法，依靠法制，以法律方式制定资本市场的游戏规则，右一些的是美国那种偏袒资本的法律，左一些的比如欧洲的法律。

除此之外的其他任何手段都可能导致资本大规模破产或者出逃，到时候打工人或许是出了胸中的一口恶气，但是工作也没了。

讲到这里，大家看出来了吧，**"市场"类似于一个生态系统，可以往复循环并且自我完善、自我繁殖、自我升级**。美国给我们的定位是蓝领的位置，但是等到我们的市场慢慢成熟起来，自然会更进一步向高端科技产业发展，这一点谁都阻挡不住。

这倒让我想起了一件事，《三体》第三部的开头讲了件事情，说是如果把地球上的生物移除，地球就跟火星差不多，而且俯瞰地球，它的颜色也不再是蓝色的。生命虽然看着稀疏，但是对地球的改造有决定性的作用。老"KK粉"[1]们都知道，大刘这里是借用了凯文·凯利的著作《失控》中讲的一些逻辑：**生命一旦出现，就会不断改造周围的环境，最后生命和环境一起进化。从这个意义上讲，市场和生命是一码事。**

重商主义管理有多重要

这里就有个新的问题出现，按理说这么简单的道理，其他国

---

1 指凯文·凯利（Kevin Kelly）的粉丝。凯文·凯利，《连线》（*Wired*）杂志创始主编，人们经常亲昵地称他为"KK"。

家也如此操作，理应都可以成为富裕国家，为什么却只有东亚少数几个国家走出了贫穷落后的泥坑呢？这就有赖于第二个需要具备的条件：我们的管理是一个重商主义的管理。

市场不是天然所有的，是经过多样化的需求对接创造出来的，成本非常高，大部分国家并没有这个实力承接住，而且这个"创造过程"也需要一个有为的政府维序。

文一在其文章里说："'自由'市场并不自由，它既不天然存在，也不自动有效运作，更不是免费的。它本质上是一种成本高昂的公共品，必须由一个强大的管理体系提供。正在中国大地上展开的工业革命，其源泉并非来自技术升级本身，而是来自一个高效管理所引领的连续不断的市场创造。"

我国一直在为商贸发展提供基础设施和基本条件，这方面印度这种国家做得就非常差，只有极少几个邦能达到我国三十年前的水平，大部分邦根本不行，这两年才开始有所改善。

更重要的是，我们的管理"能通过实验和微观制度创新从上至下地纠正重大的政策失误"。

在我国的历史上，每一次大危机之后总会迎来一波新的转机，并且我国历来也都能从观念上来一波反思和改进，所以危机过后反而会有一个高度的迁跃。 实事求是已经深刻地写在了我们的基因里。因此我个人觉得，只要我国还是处于市场经济的阶段，只要我们的管理还是有为的管理，那么一切麻烦都会过去的。

此外到了现在，**学术界普遍认为孕育新技术的三个条件是：拥有购买力的中产阶级、资本和人才。**

资本和人才好理解，难理解的是"拥有购买力的中产阶级"，而且这个条件排在第一位。其实想想就知道，新技术为啥大都爆发在美国，不仅仅是因为美国有人才资源，也有愿意投资人才资源的资本。最重要的是，美国人买得起新科技研发出来的新产品，企业因此可以回笼资金，进行下一轮的迭代开发。

很多国家面临的最大的问题是，即便做出来的东西蕴含再高的科技，老百姓们都买不起，市场规模太小，人才只好去往掌控顶尖科学技术的美国碰碰运气。这又引出了那个常识性的结论：创新和技术水平是由市场规模决定的。正如《侏罗纪公园》里的一句话，"生命自有出路"，运用在这里也是对的，市场和生命一样，到了一定规模就会自有出路。

现在一个好的趋势是，我国这三个条件尽管与美国比仍有一定差距，但是都已经逐步形成规模，而且都已有自我繁殖和自我强化的功能效果，只要一出现，就很难被扼杀。

至于这两年经济的发展有点困难，一方面是因为新冠疫情；另一方面是因为国家发展到一定程度，自然会从高速向中低速切换，没有一个例外，挺过这些年自然就好了。我国这么大的体量，每年高质量发展 2% 至 3%，也十分不错了。

疫情总会过去，只要坚持市场经济不动摇，不走回头路，我们就会一直发展下去。因为市场是超越我们自身的，它有自己的逻辑，既会自发地不断增值变大，也会自发地去改变世界。

考虑到我国巨大的且史无前例的城市人口发展规模，我们现在除了走市场经济之路，根本没有其他选择，这一点不以人的意志为转移，谁都改变不了。只要我国继续坚持市场经济之路，社会就会一直发展进步，只是快慢的问题。